定期テスト

出るナビ

中学国語

Gakken

はじめに

中学生のみなさんにとって，年に数回実施される「定期テスト」は，重要な試験ですよね。定期テストの結果は，高校入試にも関係してくるため，多くの人が定期テストで高得点をとることを目指していると思います。

テストでは，さまざまなタイプの問題が出題されますが，その1つに，しっかり覚えて得点につなげるタイプの問題があります。そのようなタイプの問題には，学校の授業の内容から，テストで問われやすい部分と，そうではない部分を整理して頭の中に入れて対策したいところですが，授業を受けながら考えるのは難しいですよね。また，定期テスト前は，多数の教科の勉強をしなければならないので，各教科のテスト勉強の時間は限られてきます。

そこで，短時間で効率的に「テストに出る要点や内容」をつかむために最適な，ポケットサイズの参考書を作りました。この本は，学習内容を整理して理解しながら，覚えるべきポイントを確実に覚えられるように工夫されています。また，付属の赤フィルターがみなさんの暗記と確認をサポートします。

表紙のお守りモチーフには，毎日忙しい中学生のみなさんにお守りのように携えてもらうことで，いつでもどこでも学習をサポートしたい！ という思いを込めています。この本を活用したあなたの努力が成就することを願っています。

出るナビ編集チーム一同

出るナビシリーズの特長

定期テストに出る要点がギュッとつまったポケット参考書

項目ごとの見開き構成で，テストに出る要点や内容をしっかりおさえています。コンパクトサイズなので，テスト期間中の限られた時間での学習や，テスト直前の最終チェックまで，いつでもどこでもテスト勉強ができる，頼れる参考書です。

見やすい紙面と赤フィルターでいつでもどこでも要点チェック

シンプルですっきりした紙面で，要点がしっかりつかめます。また，最重要の用語やポイントは，赤フィルターで隠せる仕組みになっているので，手軽に要点が身についているかを確認できます。

こんなときに出るナビが使える！

持ち運んで，好きなタイミングで勉強しよう！　出るナビは，いつでも頼れるあなたの勉強のお守りです！

学校の行き帰りに

部活の遠征の合間に

休み時間の友達との勉強に

テスト前の総仕上げに

夕飯前のちょっとした時間に

この本の使い方

赤フィルターをのせると消える!

最重要用語や要点は，赤フィルターで隠して確認できます。確実に覚えられたかを確かめよう!

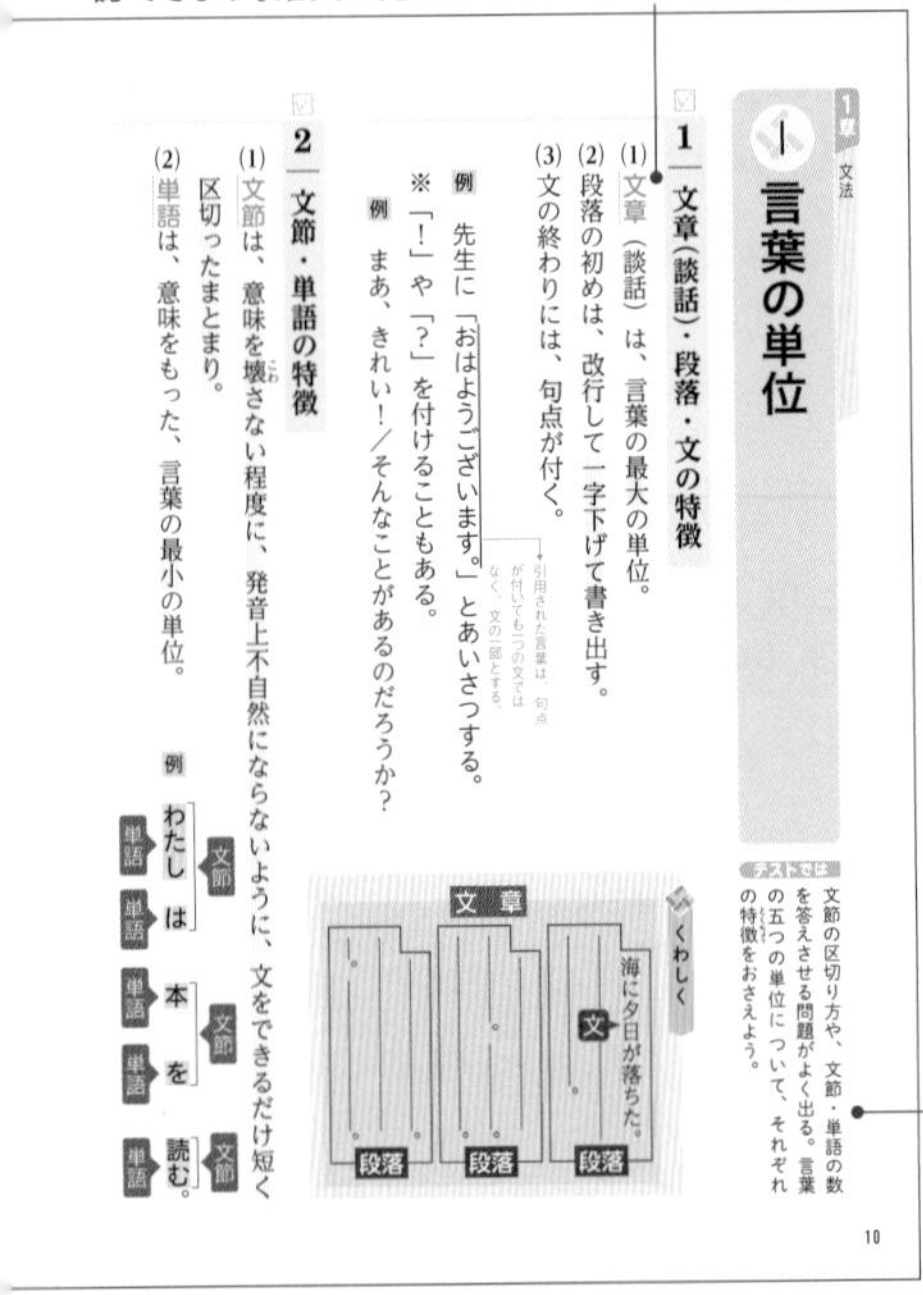

1章 文法

1 言葉の単位

1 文章（談話）・段落・文の特徴

(1) 文章（談話）は、言葉の最大の単位。
(2) 段落の初めは、改行して一字下げて書き出す。
(3) 文の終わりには、句点が付く。

例 先生に「おはようございます。」とあいさつする。
→引用された言葉は、句点が付いても一つの文ではなく、文の一部とする。

※「!」や「?」を付けることもある。

例 まあ、きれい!／そんなことがあるのだろうか?

2 文節・単語の特徴

(1) 文節は、意味を壊《こわ》さない程度に、発音上不自然にならないように、文をできるだけ短く区切ったまとまり。
(2) 単語は、意味をもった、言葉の最小の単位。

例 わたし｜は｜本｜を｜読む。（文節：わたしは／本を／読む。 単語：わたし／は／本／を／読む）

テストでは 文節の区切り方や、文節・単語の数を答えさせる問題がよく出る。言葉の五つの単位について、それぞれの特徴《とくちょう》をおさえよう。

くわしく 文章 段落 段落 段落 海に夕日が落ちた。（文）

10

テストでは

テストで問われやすい内容や，その対策などについてアドバイスしています。

中学国語の特長

◎改訂版では文法に加え，漢字，古文・漢文，長文読解，詩・短歌・俳句も収録。各テーマの要点が簡潔にまとまっています。

◎巻末の文法用語集では，間違えやすい用語を整理できます。

出る　特にテストに出やすい項目についています。時間がないときなどは，この項目だけチェックしておこう。

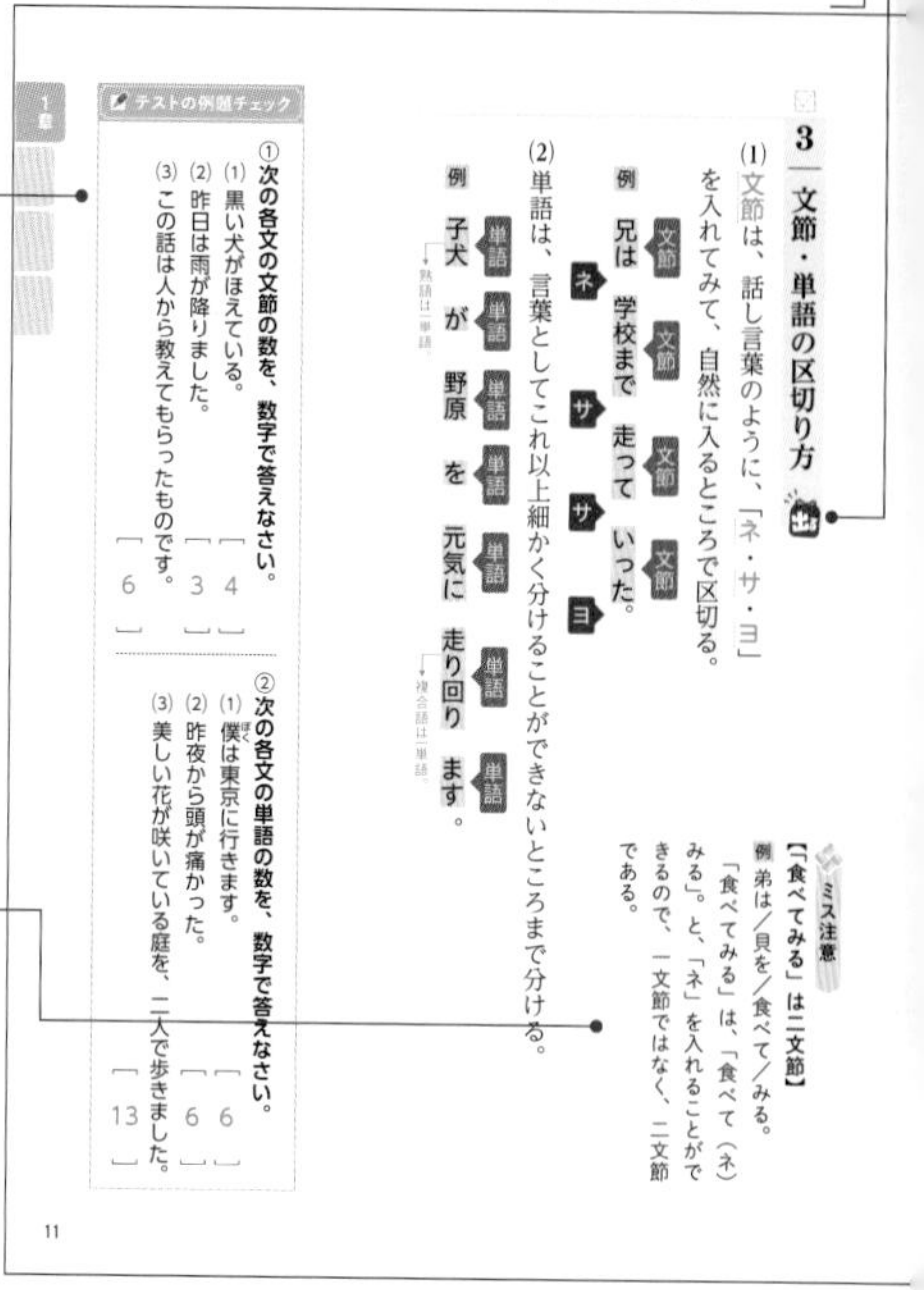

テストの例題チェック
テストで問われやすい内容を，問題形式で確かめられます。

本文をより理解するためのプラスアルファの解説で，得点アップをサポートします。

ミス注意
テストでまちがえやすい内容を解説。

くわしく
本文の内容をより詳しく解説。

参考
知っておくと役立つ情報など。

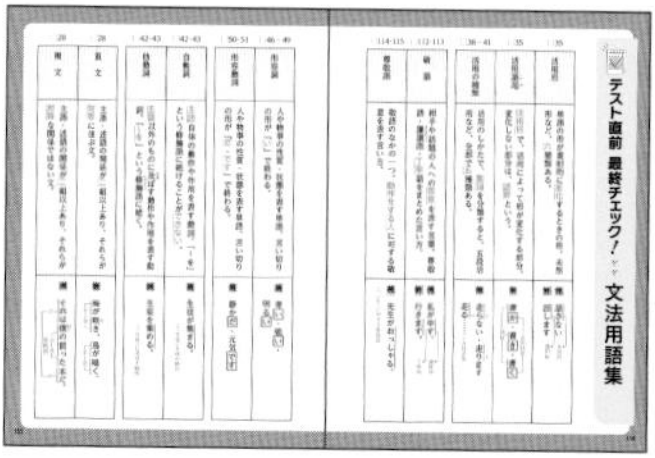

テスト直前最終チェック！でテスト直前もバッチリ！

テスト直前の短時間でもパッと見て要点をおさえられるまとめページもあります。

もくじ

2章 漢字・語句・敬語

3章 古典

4章 読解

定期テスト 出るナビ

が暗記アプリでも使える！

ページ画像データをダウンロードして，
スマホでも「定期テスト出るナビ」を使ってみよう！

暗記アプリ紹介＆ダウンロード 特設サイト

スマホなどで赤フィルター機能が使える便利なアプリを紹介します。下記のURL，または右の二次元コードからサイトにアクセスしよう。自分の気に入ったアプリをダウンロードしてみよう！

Webサイト https://gakken-ep.jp/extra/derunavi_appli/

「ダウンロードはこちら」にアクセスすると，上記のサイトで紹介した赤フィルターアプリで使える，この本のページ画像データがダウンロードできます。使用するアプリに合わせて必要なファイル形式のデータをダウンロードしよう。

※データのダウンロードにはGakkenIDへの登録が必要です。

ページデータダウンロードの手順

①アプリ紹介ページの「ページデータダウンロードはこちら」にアクセス。

②Gakken IDに登録しよう。

③登録が完了したら，この本のダウンロードページに進んで，
下記の『書籍識別ID』と『ダウンロード用PASS』を入力しよう。

④認証されたら，自分の使用したいファイル形式のデータを選ぼう！

書籍識別ID	testderu_ja
ダウンロード用PASS	iG2Huf3N

〈注 意〉

◎ダウンロードしたデータは，アプリでの使用のみに限ります。第三者への流布，公衆への送信は著作権法上，禁じられています。◎アプリの操作についてのお問い合わせは，各アプリの運営会社へお願いいたします。◎お客様のインターネット環境および携帯端末によりアプリをご利用できない場合や，データをダウンロードできない場合，当社は責任を負いかねます。ご理解，ご了承いただきますよう，お願いいたします。◎サイトアクセス・ダウンロード時の通信料はお客様のご負担になります。

1 言葉の単位

テストでは

文節の区切り方や、文節・単語の数を答えさせる問題がよく出る。言葉の五つの単位について、それぞれの特徴《とくちょう》をおさえよう。

1 文章(談話)・段落・文の特徴

(1) 文章(談話)は、言葉の最大の単位。

(2) 段落の初めは、改行して一字下げて書き出す。

(3) 文の終わりには、句点が付く。

例 先生に「おはようございます。」とあいさつする。

引用された言葉は、句点が付いても一つの文ではなく、文の一部とする。

※「!」や「?」を付けることもある。

例 まあ、きれい!/そんなことがあるのだろうか?

くわしく

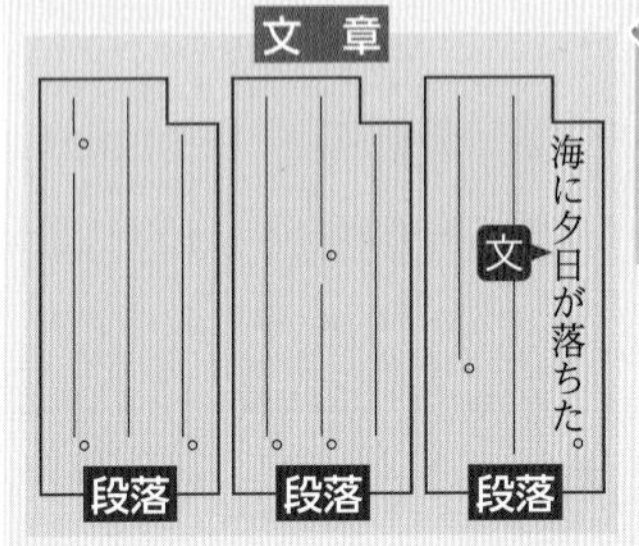

2 文節・単語の特徴

(1) 文節は、意味を壊《こわ》さない程度に、発音上不自然にならないように、文をできるだけ短く区切ったまとまり。

(2) 単語は、意味をもった、言葉の最小の単位。

例

文節	わたしは		本を	読む。
単語	わたし	は	本 / を	読む

3 文節・単語の区切り方 出る

(1) 文節は、話し言葉のように、「ネ・サ・ヨ」を入れてみて、自然に入るところで区切る。

例 兄は［文節］ ネ 学校まで［文節］ サ 走って［文節］ サ いった。［文節］ ヨ

(2) 単語は、言葉としてこれ以上細かく分けることができないところまで分ける。

例 子犬［単語］ が［単語］ 野原［単語］ を［単語］ 元気に［単語］ 走り回り［単語］ ます［単語］。

子犬 → 熟語は一単語。
走り回り → 複合語は一単語。

ミス注意

【「食べてみる」は二文節】

例 弟は／貝を／食べて／みる。

「食べてみる」は、「食べて（ネ）みる」。と、「ネ」を入れることができるので、一文節ではなく、二文節である。

テストの例題チェック

① **次の各文の文節の数を、数字で答えなさい。**

(1) 黒い犬がほえている。 ［ 4 ］

(2) 昨日は雨が降りました。 ［ 3 ］

(3) この話は人から教えてもらったものです。 ［ 6 ］

② **次の各文の単語の数を、数字で答えなさい。**

(1) 僕《ぼく》は東京に行きます。 ［ 6 ］

(2) 昨夜から頭が痛かった。 ［ 6 ］

(3) 美しい花が咲いている庭を、二人で歩きました。 ［ 13 ］

2 文の成分(1)

テストでは

五つの文の成分について、主語・述語・修飾語《しゅうしょくご》を中心に問われる。それぞれの特徴《とくちょう》を理解し、文全体の組み立てをとらえよう。

1 文の成分の種類 出る

(1) 文の成分は 五種類…主語・述語・修飾語・接続語・独立語

(2) 主語・述語…主語は、「何が」「誰《だれ》が」を表し、述語は「どうする」「どんなだ」「何だ」「ある・いる・ない」を表す。

例 祖父が（主語：「誰《だれ》が」を表す。） 大学病院に 行った。（述語：「どうする」を表す。）

(3) 修飾語…「何を」「いつ」「どこで」「どのように」「どんな」などを表してほかの文節を修飾し、修飾される文節をくわしく説明する。

例 祖父が 大学病院で（修飾語：「どこで」を表す。） 診察《しんさつ》を（修飾語：「何を」を表す。） 受けた。

(4) 接続語…前後の文や文節をつなぎ、どのような関係でつながっているかを示す。

例 祖父は 薬を 飲んだ。 すると（接続語：前後が順当な関係であることを示す。） 体調が 改善された。

(5) 独立語 …ほかの部分と直接係り受けの関係がなく、文の中で独立している。

例 ああ、治って よかった。
独立語（ああ）→他の部分と係り受けの関係がなく、「感動」を表す。

2 文の成分のとらえ方

(1) 文の骨組みである主語と述語をとらえる。
(2) 述語に係る修飾語をとらえ、ほかの文の成分をつかむ。

例 ……。だから、先生が 生徒に 大声で 話した。
接続語（だから）　主語（先生が）　修飾語（生徒に）　修飾語（大声で）　述語（話した）
主語・述語の関係（先生が—話した）

ミス注意

【主語が省略されることもある】
「何(誰)が」に当たる主語が省略されている文もあるので注意する。

例 明日 早く 家を 出る。
修飾語（明日・早く・家を）　述語（出る）

テストの例題チェック

① 次の説明に当てはまる、文の成分を答えなさい。

(1) あとにくる文節をくわしく説明する。 ［ 修飾語 ］
(2) 前後がどのような関係でつながっているかを示す。 ［ 接続語 ］

② 次の――線部の文の成分は何か。

(1) ドアが急に開いた。 ［ 主語 ］
(2) 部屋を急いできれいに片づける。 ［ 修飾語 ］
(3) 私は必死に走り続けた。 ［ 述語 ］

3 文の成分(2)

テストでは
文中の主語や述語を答えさせる問題や、文から主語や述語を抜《ぬ》き出させる問題が出る。

1 主語・述語の性質

(1) 主語は、述語で表される動作や状態の主体を表す文節。

例 空が　とても　青い。
（主語：空が　「青い」という状態の主体を表す。）

例 彼《かれ》が　校庭を　走る。
（主語：彼が　「走る」という動作の主体を表す。）

(2) 述語は、主語の動作や状態を表す文節。

例 星が　きらきら　光る。
（述語：光る　「星」の動作を表す。）

例 敵は　とても　強い。
（述語：強い　「敵」の状態を表す。）

2 主語の形 出る

(1) 主語の基本形は、「何が（誰《だれ》が）」。

(2) 「何（誰《だれ》）は」「何（誰）も（こそ・さえ・だけ）」なども主語。

例 夕日が　山に　沈《しず》む。
（主語：夕日が　「何が」）

例 僕《ぼく》も　家に　帰る。
（主語：僕も　「だれも」）

ミス注意

【「水も飲む。」は主語のない文】

①水も飲む。→水が飲む。×
②水もある。→水がある。○

①の「水も」は、「水が」と言い換《か》えられないので主語ではない。（修飾《しゅうしょく》語である。）②のように、「水が」と言い換えられるものは主語である。

3 述語の形 出る

(1)「どうする」「ある・いる・ない」…動作・存在を表す言葉。

例 朝日が　海から　**昇《のぼ》る**。（動作を表す。→述語）

例 高い　山が　**ある**。（存在を表す。→述語）

(2)「どんなだ」…状態・性質を表す言葉。

例 部屋は　とても　**暖かい**。（状態・性質を表す。→述語）

例 部屋は　とても　**静かだ**。（状態・性質を表す。→述語）

(3)「何だ」…物の名前を表す言葉＋だ（です）。

例 僕の　父は　**教師だ**。（述語）

参考

【主語の特別な形】

主語には、「体言（名詞）＋が」以外に、「用言（動詞・形容詞・形容動詞）＋の＋が（は）」がある。

例 歩くのは（主語／動詞＋の＋は）　きつい。

テストの例題チェック

① 次の各文から、主語を一文節で抜き出しなさい。

(1) 小骨を嫌《いや》がって、妹は魚を食べません。　［ 妹は ］

(2) クラスのリーダーとして、君こそふさわしい。　［ 君こそ ］

② 次の――線部の主語を受ける述語を、一文節で抜き出しなさい。

(1) 僕は、妹が大声で泣いたので、とても驚《おどろ》いた。　［ 驚いた ］

(2) 私は、弟が徒競走で転んだところを見た。　［ 転んだ ］

4 文の成分(3)

テストでは
修飾語《しゅうしょく》を示し、被《ひ》修飾語を答えさせる問題がよく出る。また、連体修飾語や連用修飾語を見分けさせる問題も出る。

1 修飾語の性質

(1)「いつ」「どこで」「何を」「どのように」「どんな」「どのくらい」「何の」などを表して、ほかの文節をくわしく説明する文節。

例 父が お茶を 飲む。（修飾語：お茶を →「何を」）

例 大きな 家が 建つ。（修飾語：大きな →「どんな」）

(2)必ずほかの文節を修飾する文節である。

例 おととい、祖母と 会った。（修飾語：おととい、→「会った」を修飾する。）

参考
【修飾語と被修飾語】
修飾語が係ることで、受ける被修飾語が成り立つ。どの文節がどこに係るかが問われやすい。

例 ぽとぽと 水が たれる。（ぽとぽと →たれる。修飾・被修飾の関係）

2 被修飾語の性質

◎修飾語によって内容をくわしく説明される文節。

例 僕《ぼく》は 学校に 行く。（修飾語：学校に　被修飾語：行く →「学校に」という修飾語によって、「どこに」行くのかが説明されている。）

※被修飾語という文の成分はない。
↓述語や主部・述部などの一部になる。

3 連体修飾語の性質

◎体言（名詞）を含《ふく》む文節をくわしく説明する修飾語。

例 真っ赤な（連体修飾語） 風船が 飛ぶ。
名詞「風船」を含む文節をくわしく説明する修飾語。

(2) 必ず文の成分の一部になる。…単独では文の成分としての修飾語にはならない。

ミス注意

【離《はな》れた文節を修飾することもある】

連体修飾語が離れた文節を修飾することもある。

例 古い 大きな 外国製の 時計。

4 連用修飾語の性質

◎用言（動詞・形容詞・形容動詞）を含む文節をくわしく説明する。

例 川が ゆったり（連用修飾語） 流れる。
動詞「流れる」に係る。

例 とても（連用修飾語） 暑いので、疲《つか》れた。
形容詞「暑い」を含む文節を修飾。

テストの例題チェック

① 次の――線部に係る修飾語を、一文節で抜《ぬ》き出しなさい。

(1) あちこちに子供たちの声がこだまする。 ［あちこちに］

(2) これはとてもよい映画でした。 ［とても］

② 次の(1)から連体修飾語、(2)から連用修飾語を一文節で抜《ぬ》き出しなさい。

(1) 僕は母のかばんに折りたたみ傘《がさ》を入れた。 ［母の］

(2) 昨日から大きな黒いかばんが見当たらない。 ［昨日から］

5 文の成分(4)

テストでは
接続語と独立語については、それぞれの種類や働きを答えさせる問題がよく出る。また、二単語以上の接続語を抜《ぬ》き出させる問題も出る。

1 接続語・独立語の性質

(1) 接続語は、文と文、文節と文節などをつなぎ、前後の関係を示す文節。

例 雨が降った。しかし、試合を行った。
（接続語）しかし → 前後が逆の関係であることを示す。

(2) 独立語は、ほかの文節と直接係り受けの関係がなく、独立している文節。

例 ああ、とてもよい一日だった。
（独立語）ああ → 感動を表す。

十月一日、この日は母の誕生日だ。
（独立語）十月一日 → 物事を提示する。

2 接続語の種類 出る

(1) 働きによって、次の六つに分類できる。

①順接…前後の内容が順当につながる。 例 だから・それで・すると・したがって

②逆接…前後の内容が逆の関係になっている。 例 でも・しかし・だが・けれども

③並立《へいりつ》・累加《るいか》…前の内容にあとの内容を並べたり、加えたりする。 例 また・さらに

④対比・選択《せんたく》…前後の内容を比べたり、どちらかを選んだりする。 例 または・それとも

⑤**説明・補足**…前の内容を説明したり、補足したりする。 例 つまり・なぜなら・ただし

⑥**転換《てんかん》**…話題を変える。 例 さて・ところで・ときに

(2) 二単語以上の接続語もある。

例 **晴れたので**、試合を行った。

接続語 ← 二単語で、「順接」を示す働きをしている。

参考

【独立語の種類】

独立語には、左の①～④のほかに、次の二つの種類がある。

⑤あいさつ 例 おはよう、いい天気だね。

⑥かけ声 例 それっ、がんばれ。

3 独立語の種類

◎意味によっていくつかの種類に分けられる。

①感動 例 **まあ**、きれい。

②呼びかけ 例 **もしもし**、山田さんのお宅ですか。

③応答 例 **はい**、了解《りょうかい》。

④提示 例 **平和**、それが人類共通の願いだ。

テストの例題チェック

① **次の各文から、接続語を抜き出しなさい。**

(1) まず水を加えます。すると、軟《やわ》らかくなります。 ［ すると ］

(2) 疲《つか》れたから、また明日練習することにした。 ［ 疲れたから ］

② **次の――線部の独立語の種類を、〔 〕から選びなさい。**

(1) うん、そのとおりだよ。 ［ 応答 ］

(2) 努力、それが大切だね。 ［ 提示 ］

(3) おや、もう終わったの。 ［ 感動 ］

〔 感動　応答　提示 〕

6 文節と文節の関係(1)

テストでは

主語・述語の関係など、文節の係り受けが問われやすい。文の中から、まず述語を見つけ、それに対応する主語を探すという方法をおさえよう。

1 文節の係り受け

◎二つの文節が意味の上で結び付いているとき、前の文節があとの文節に「係る」といい、あとの文節が前の文節を「受ける」という。

例 とんびが 大空を 飛び回る。
（「とんびが」係る→「飛び回る。」受ける／「大空を」係る→「飛び回る。」受ける）

2 主語・述語の関係

(1)「何が」「誰が」を表す主語と、「どうする」「どんなだ」「何だ」「ある・いる」・「ない」を表す述語との関係。

〈主語・述語の関係のパターン〉

主語	述語	主語	述語
・何（誰）が	どうする	先生が	話す。
・何（誰）が	どんなだ	景色が	美しい。
・何（誰）が	何だ	あれが	図書館だ。

ミス注意

【独立の関係】

ほかの文節と直接係り受けの関係がなく、独立している文節を「独立語」といい、この文節とほかの部分との関係を、「独立の関係」という。

・何（誰）が――ある・いる　水が――あります。
・何（誰）が――ない　本が――ない。

(2) 主語になる形…主語は「〜が」だけでなく、「〜は」「〜も」「〜まで」などの形になっていることもある。

例　私は（主語）――歩く（述語）。　小鳥も（主語）――いる（述語）。　雪まで（主語）――降る（述語）。

(3) 主語と述語の関係は、初めに「どうする」「どんなだ」「何だ」「ある・いる」「ない」を表す述語を見つけて、その述語に対応する主語（「何が」「誰が」）を見つける。

例　明日は　いとこも　一緒《いっしょ》に　海に　行く。

→「どうする」を表す述語は「行く」。→「誰が」「行く」のか考える。
→「行く」のは「いとこ」。→したがって、主語は「いとこも」。

テストの例題チェック

●**次の文から「主語・述語の関係」にある文節どうしを、一文節で抜き出しなさい。**

(1) あなたの絵はとてもすばらしいです。
［主語：絵は　述語：すばらしいです］

(2) 畑でとれた新鮮《しんせん》な野菜はおいしかった。
［主語：野菜は　述語：おいしかった］

(3) 十年前には、この町にも銭湯が多くあった。
［主語：銭湯が　述語：あった］

(4) さわやかな朝なので、鳥まで歌い始めた。
［主語：鳥まで　述語：歌い始めた］

(5) 今朝、ぼくは道で猫《ねこ》を見ました。
［主語：ぼくは　述語：見ました］

7 文節と文節の関係(2)

テストでは

修飾語《しゅうしょく》・被修飾語《ひ》の関係をふまえ、修飾語がどの文節に係るのかが問われやすい。文節と文節の関係を正しくとらえられるようにしよう。

1 修飾・被修飾の関係

(1) 修飾・被修飾の関係…「いつ」「何を」「どんな」「どのように」などを表して、ほかの文節の内容をくわしく説明する文節（修飾語）と、説明される文節（被修飾語）との関係。

例 白い（どんな）［修飾語］→ 鳥が（何が）［被修飾語］ 木に（どこに）［修飾語］→ 止まる。（どうする）［被修飾語］

(2) 連用修飾語…用言を含《ふく》む文節を修飾する。用言は「どうする」「どんなだ」を表す単語。

例 風が 強く（どのように）［連用修飾語］→ 吹く。（どうする）［被修飾語（用言）］

ずっと（どのくらい）［連用修飾語］→ 待ち続ける。（どうする）［被修飾語（用言）］

(3) 連体修飾語…体言を含む文節を修飾する。

例 強い（どんな）［連体修飾語］→ 風が（何が）［被修飾語（体言）］ 吹く。

この（どの）［連体修飾語］→ 部屋で（何で）［被修飾語（体言）］ 待つ。

2 接続の関係

(1) 接続の関係…文と文、文節と文節をつなぐ文節（接続語）と、あとに続く文節との関係。

例 早く寝た。しかし、寝坊《ねぼう》した。

接続語

前の文と相反する内容をつなぐ。

(2) 接続語の形…接続語には「でも」「だから」「ところで」のように、単独でつなぐ働きをする言葉と、「～から」「～ので」「～ば」などが付いて、あとに続く部分の内容に対して、理由や条件を表してつなぐ文節がある。

例
・目標を達成できた。だから、うれしかった。

あとに続く内容に対して、前の文が理由となることを表す。

・目標を達成したので、うれしかった。

あとに続く内容に対して、理由を表してつなぐ文節。

テストの例題チェック

① 次の――線部の修飾語が修飾している文節（被修飾語）を一文節で答えなさい。

(1) 彼《かれ》は、とても長い歴史がある大会に出場した。 ［長い］

(2) 私は、美しい毛並みの猫《ねこ》を飼っている。 ［毛並みの］

② 次の――線部の文節と文節の関係を答えなさい。

(1) 先生に会うと、気持ちが引き締《し》まる。 ［接続の関係］

(2) 彼からの手紙をいつもカバンに入れていた。 ［修飾・被修飾の関係］

8 文節と文節の関係(3)

テストでは
並立の関係・補助の関係と、ほかの関係のものを見分けさせる問題がよく出る。また、補助の関係を作る単語についても問われやすい。

1 並立の関係・補助の関係の性質

(1) 並立の関係…二つ以上の文節が、対等の役割で並ぶ関係。

例 彼《かれ》は、明るくて 元気な 人だ。
（「明るくて」と「元気な」は対等…並立の関係）

(2) 補助の関係…主な意味を表す文節と、その下に付いて補助的に意味を添《そ》える文節との関係。

例 空の 星が 消えて いく。
（補助の関係）「消えて」に「いく」が意味を添える。

(3) 並立の関係も補助の関係も必ず連文節になる。

例 空が 高く 青く 広い。
（高く 青く 広い…並立の関係／連文節（述部））

例 走って いる 人が 急に 立ち止まる。
（走って いる…補助の関係／連文節（主部））
↓主部「走っている人が」の一部になっている。

参考
【補助の関係になる主な単語】
ほかの文節の下に付いて補助の関係になる単語には、補助動詞と補助形容詞がある。
①補助動詞 例 宿題をやっておく。／道を教えてもらう。／よく考えてみる。／財布をなくしてしまう。
②補助形容詞 例 あまりよくない。／もう帰ってよい。／来てほしい。

2 並立の関係と補助の関係の見分け方 出る

(1) 並立の関係の文節は、入れ換《か》えることができる。

例 これは 安くて おいしい。（並立の関係）
　 これは おいしくて 安い。（並立の関係）

(2) 補助の関係の文節は、切り離《はな》すことができない。

例 教科書に 書いて ある。（補助の関係） → × 書いて 教科書に ある。
　 駅前に 八百屋が ある。（主語・述語の関係） → ○ 八百屋が 駅前に ある。（主語・述語の関係）

ミス注意

【「母は父と」は対等ではない】

「母は父と話す。」は「父は母と…」と言い換えられそうだが、対等な役割の文節ではない。したがって、並立の関係ではない。

例 母は（主語） 父と（修飾語《しゅうしょくご》） 話す。（述語）

テストの例題チェック

① 次の――線部の文節の関係を答えなさい。

(1) わが輩《はい》は猫《ねこ》である。　［補助］の関係

(2) このパンは細くて固い。　［並立］の関係

② 次の――線部の文節の関係が、補助の関係になっているものに、○をつけなさい。

(1) 似顔絵を描《か》いてもらう。　［○］

(2) 気に入った絵をもらう。　［　］

(3) 友人が家にくる。　［　］

(4) 弟が走ってくる。　［○］

9 連文節

テストでは

連文節の文の成分を答えさせる問題がよく出る。また、連文節になっている部分や文の組み立てについても問われやすい。

1 連文節の性質

(1) 隣《とな》り合う二つ以上の文節が意味の上で強く結び付き、一つの文節と同じ働きをする。

(2) 全体で一つの文の成分になる。

例 赤い 旗が 見える。（連文節）
「赤い」と「旗が」が結び付き、主部になる。

例 これは おもしろい 本だ。（連文節）
「おもしろい」と「本だ」が結び付き、述部になる。

2 連文節になっている文の成分 出る

(1) 主部…主語の働きをする連文節。

(2) 述部…述語の働きをする連文節。

(3) 修飾《しゅうしょく》部…修飾語の働きをする連文節。

(4) 接続部…接続語の働きをする連文節。

例 桜が 咲《さ》いたので、 私と 友人は 近くの 公園に 行って みた。
桜が 咲いたので、（主語・述語の関係）→ 接続部
私と 友人は（並立の関係）→ 主部
近くの 公園に（修飾・被《ひ》修飾の関係）→ 修飾部
行って みた。（補助の関係）→ 述部

(5) 独立部…独立語の働きをする連文節。

例 人生の目標、それが大切だ。
（修飾・被修飾の関係）（独立部）

3 並立・補助の関係と連文節

(1) 並立の関係は、必ず連文節になる。
(2) 補助の関係は、必ず連文節になる。

例 妹も弟も映画を楽しんでいる。
（並立の関係）（補助の関係）（主部）（述部）

【修飾・被修飾の関係と連文節】（ミス注意）

連体修飾・被修飾の関係は、必ず連文節になるが、連用修飾・被修飾の関係は必ずしも連文節になるわけではない。

例 一組の先生がずっと話す。
（連体修飾）（連用修飾）（主部）（修飾語）（述語）

↓「ずっと一組の先生が話す。」のように、「ずっと」と「話す」は離《はな》すことができるので、連文節ではない。

テストの例題チェック

① **文の成分としての連文節に、――を右側に引きなさい。**

(1) わたしの父は、この町の町長を、長い間務めています。
(2) 空に昇《のぼ》った月を見て、隣《となり》の犬がワンワンほえた。

② **次の――線部の連文節の、文の成分を答えなさい。**

(1) よく聞いていたならば、この答えは簡単にわかる。［　接続部　］
(2) つまらない議論は終わりにして、次の話題に移ろう。［　修飾部　］

10 文の種類

テストでは

単文・複文・重文を見分ける問題が出題される。また、文の性質・意味上の種類も問われやすい。文の構造と意味の両方をとらえよう。

1 単文・複文・重文の性質 出る

◎文を構造で分類すると、次の三種類に分けられる。

(1) 単文…主語・述語の関係が一組だけの文。

例 小さな かえるが 池に 跳《と》び込《こ》む。

主部（小さな かえるが）・修飾語（池に）・述語（跳び込む）　主語・述語の関係

(2) 複文…主語・述語の関係が二組以上あり、それらが対等ではない文。

例 弟は 友達が くれた 本を 読んだ。

主語（弟は）・修飾部（友達が くれた 本を）・述語（読んだ）　主語・述語の関係／主語・述語

(3) 重文…二組以上の主語・述語の関係が対等に並ぶ文。

例 風は 強く、波は 高い。

主語・述語／主語・述語　対等に並んでいる

ミス注意

【複文と重文】

例 雨は強いが、風は弱い。

主語・述語／接続部（逆接）／主語・述語

右の文は、主語・述語の関係が二つあるが、一つ目は接続部になっていて、対等とはいえないので、複文である。

2 平叙《へいじょ》文・疑問文・感動文・命令文の性質

◎文を性質・意味で分類すると、次の四種類に分けられる。

(1) 平叙文…断定・推量・決意などの意味を述べる文。
例 友達が来る。(断定) 例 友達はすぐ来るだろう。(推量)

(2) 疑問文…疑問・質問・反語の意味を述べる文。
例 今、何時ですか。(質問) 例 誰がするものか。(反語)

(3) 感動文…感動の意味を述べる文。
例 ああ、すてきだな。(感動)

(4) 命令文…命令・禁止・願望の意味を述べる文。
例 すぐに来い。(命令) 例 決して言うな。(禁止) 例 買ってきてください。(願望)

参考
【文末に注目】
①平叙文…用言・助動詞の終止形が多い。
②疑問文…助詞「か」が多い。
③感動文…感動の意味を表す助詞が多い。
④命令文…用言・助動詞の命令形や、禁止の意味を表す助詞の「な」が多い。

テストの例題チェック

① **各文を構造で分類しなさい。**
(1) 兄は画家で、弟は作家だ。 [重文]
(2) これは、母が作ってくれた料理です。 [複文]
(3) 真っ赤に色づいた葉が、次々に舞《ま》い落ちる。 [単文]

② **各文を性質・意味で分類しなさい。**
(1) 芝生《しばふ》に入るな。 [命令文]
(2) へえ、すごいな。 [感動文]
(3) 次は頑張《がんば》ろう。 [平叙文]
(4) 賞がもらえるのですか。 [疑問文]

11 自立語と付属語

テストでは
文中の単語が、自立語か付属語かを答えさせる問題が出る。それぞれの性質をしっかり理解しておこう。

1 自立語の性質 出る

◎単語のうち、単独で意味がわかるもの。

(1)単独で文節を作れる。（場合によっては、自立語だけで意味が通る文を作れる。）

例 朝（名詞・自立語） 早く（形容詞・自立語） 出かける（動詞・自立語）。

(2)必ず文節の最初にある。

例 家から（文節） 駅まで（文節） 歩き始める（文節）。

→二つ以上の単語が結び付いた複合語は、一単語であることに注意。

(3)一文節に一つだけある。

例 祖父母の（文節） 家で（文節） 昼食を（文節） 食べる（文節）。

参考
【自立語と付属語の品詞】
①自立語（八つ）
動詞・形容詞・形容動詞・名詞・副詞・連体詞・接続詞・感動詞
②付属語（二つ）
助動詞・助詞

2 付属語の性質

◎単語のうち、単独では意味がわからないもの。

(1) 単独では文節を作れない。…自立語のあとに付くことで文節を作れる。

例 そうだ（助動詞）→早い〔自立語〕そうだ〔付属語〕。　例 か（助詞）→出発する〔自立語〕か〔付属語〕。

(2) 必ず自立語のあとに付く。

例 わたし〔自立語〕は〔文節〕　中学生〔自立語〕です〔文節〕。　※「は」は助詞、「です」は助動詞。

(3) 一文節の中の数は不定。…一文節中に二つ以上あることも、一つもないこともある。

例 母からは〔文節〕（二つ）　今日、〔文節〕（自立語のみ）　早く〔文節〕（自立語のみ）　帰るように〔文節〕（一つ）　言われて〔文節〕（一つ）　いたのだった。〔文節〕（四つ）

テストの例題チェック

① 次の各文から、自立語をすべて抜《ぬ》き出しなさい。

(1) この帽子《ぼうし》は少し大きい。

［ この　帽子　少し　大きい ］

(2) 夕方から雨が降るらしい。

［ 夕方　雨　降る ］

② 次の各文の付属語の数を、数字で答えなさい。

(1) 土曜日は隣町《となりまち》まで友人と買い物に出かけた。 ［ 5 ］

(2) 読書ばかりしていたので、目が疲《つか》れてしまった。 ［ 7 ］

12 品詞の分類

テストでは

単語の品詞名を答えさせたり、品詞が同じ単語や異なる単語を選択肢《せんたくし》から選ばせたりする問題がよく出る。

1 品詞の分類基準

(1) 単語を、文法上の性質や働きの違《ちが》いによって分けたものを品詞という。

(2) 品詞の分類基準は次の三つである。

①単語のうち、単独で文節を作れる自立語か、作れない付属語か。

②活用するかしないか。

↓下に続く言葉によって、語形が規則的に変わること。

③どんな文の成分になるか。

↓主語・述語・修飾語・接続語・独立語の五つ。

ミス注意

【活用の有無の見分け方】

単語の終わりに「タ」や「バ」を付けて、語形が自然に変わるものが活用する品詞である。

例 話す…○話しタ　話せバ

↓活用する品詞（動詞）

例 ぜひ…×ぜひタ　ぜひバ

↓活用しない品詞（副詞）

2 品詞分類表 出る

◎八つの自立語と二つの付属語の、十品詞に分けられる。

- 単語
  - 自立語
    - 活用する ― 述語になる（用言）
      - ウ段で終わる……動詞
      - 「い」で終わる……形容詞
      - 「だ・です」で終わる……形容動詞
    - 活用しない
      - 主語になる（体言）……名詞
      - 主に連用修飾《しゅうしょく》語になる……副詞
      - 連体修飾語になる……連体詞
      - 接続語だけになる……接続詞
      - 独立語だけになる……感動詞
  - 付属語
    - 活用する……助動詞
    - 活用しない……助詞

テストの例題チェック

① 次の――線部の品詞名を答えなさい。

(1) 新しい図書館ができた。 ［名詞］

(2) 兄は高校二年生です。 ［助動詞］

② 次の――線部のうち、ほかと品詞の異なるものを一つ答えなさい。

＊静かで、きれいな公園で、好きな本を読むのが、私の楽しみの一つだ。

［楽しみ］

13 体言と用言

テストでは
体言は、形の似た品詞と識別させる問題が出やすい。用言は、品詞を答えさせたり、活用形を見分けさせたりする問題がよく出る。

1 体言の性質

(1) 活用しない自立語のうち、名詞を体言という。
(2) 名詞は人や事物の名前などを表す。
(3) 付属語を伴《ともな》ったりして、いろいろな文の成分になる。

例 先生（名詞）は【主語】 北海道（名詞）の出身（名詞）だ。【述部】

例 こちら（名詞）を【修飾語】 ください。

2 用言の性質

(1) 活用する自立語である動詞（ウ段で終わる。）・形容詞（「い」で終わる。）・形容動詞（「だ・です」で終わる。）を用言という。
(2) 単独で述語になることができる。
(3) 動詞は動作や存在を表し、形容詞・形容動詞は性質や状態を表す。
(4) 付属語を伴ったりして、いろいろな文の成分になる。

例 走る（動詞）のが【主語】 好きだ（形容動詞）。【述語】

例 天気がよい（形容詞）ので、【接続部】 洗濯物《せんたくもの》が 乾《かわ》き（動詞）そうだ。【述語】

3 用言の活用 出る

(1) 単語の形が、下に続く語によって変化することを**活用**という。

(2) 活用する一つ一つの形は、**六つ**の**活用形**にまとめられる。

	未然形	連用形	終止形	連体形	仮定形	命令形
主な続き方	せる・させる れる・られる ない う よう	用言 ます た(だ) たり て(で)	――。 (言い切って終える。)	体言 とき こと の ようだ	ば	――。 (命令して言い切る。)

例「話す」の活用

未然形…**話さ** ない・**話そ** う　連用形…**話し** ます　終止形…**話す**。

連体形…**話す** とき　仮定形…**話せ** ば　命令形…**話せ**。

参考

【語幹と活用語尾《ごび》】

語幹…活用するとき、変化しない部分。

活用語尾…活用するとき、変化する部分。

例 話 さない。

語幹　活用語尾

テストの例題チェック

① **次の――線部から、体言をすべて抜《ぬ》き出しなさい。**

(1) 昨日、買い物に出かけて、本を買った。　［ 昨日　買い物　本 ］

(2) この商品ではなく、そちらが欲《ほ》しい。　［ 商品　そちら ］

② **次の――線部の用言の、活用形を答えなさい。**

(1) 夜は静かだろう。　［ 未然形 ］

(2) 静かならばよかった。　［ 仮定形 ］

(3) 静かな夜だった。　［ 連体形 ］

(4) 夜は静かに過ごす。　［ 連用形 ］

14 動詞の性質と働き

テストでは
文中から、動詞をそのままの形で抜《ぬ》き出させる問題がよく出る。動詞の性質をおさえ、動詞の種類を正しく覚えよう。

1 動詞の性質 出る

(1) 人や物事の動作・作用・変化・存在を表す単語。

例 父は、いつもゆっくり**歩く**。 例 赤いりんごが**ある**。

(2) 活用する自立語で、言い切りの形（終止形）がウ段になる。

例 学校に行く（ku＝ウ段）。 友人と話す（su＝ウ段）。 犬がほえる（ru＝ウ段）。

参考
【ウ段】
ウ段とは、五十音図の横の段の一つ。ウ段は、ローマ字で書くと、「u」の付く音である。
例 う(u)・く(ku)・す(su)

2 動詞の働き

(1) 単独で述語・修飾語《しゅうしょく》になることができる。

例 私は、先生の助言を**聞く**（修飾語）ことが、大切だと**思う**（述語）。

(2) 付属語を伴《ともな》って、いろいろな文の成分になる。

例 泳ぐ（動詞）の（助詞）が（助詞）、上手だ。（泳ぐのが＝主語）

例 急げ（動詞）ば（助詞）、間に合う。（急げば＝接続語）

3 動詞の活用 出る

(1) 基本的に、五十音図の段と行にそって活用する。

	ア段	イ段	ウ段	エ段	オ段
ア行	あ a	い i	う u	え e	お o
カ行	か ka	き ki	く ku	け ke	こ ko
…	…	…	…	…	…

(2) 活用の種類は五種類。

①五段活用　②上一段活用　③下一段活用

④カ行変格活用　⑤サ行変格活用

テストの例題チェック

① 次の——線部の動詞を、言い切りの形に直しなさい。

(1) 雪のように白い花が咲《さ》いた。　[咲く]

(2) みんなで考えれば、解決する。　[考える]

② 次の各文から動詞を一つずつ、そのままの形で抜き出しなさい。

(1) 最後まで絶対にあきらめない。　[あきらめ]

(2) 彼《かれ》なら、そう言いそうだ。　[言い]

15 動詞の活用の種類(1)

テストでは
活用の種類について問われることが多い。五段・上一段・下一段活用については、見分け方をしっかり身につけよう。

1 五段・上一段・下一段活用の特徴《とくちょう》 出る

(1)「ない」を付けて、**ア段**の音になるのは五段活用。

例 今日はどこにも**行か**ない。（ア段）五段活用　例 問題の解き方が**わから**ない。（ア段）五段活用

(2)「ない」を付けて、**イ段**の音になるのは上一段活用。

例 何度起こしても**起き**ない。（イ段）上一段活用　例 その本は**借り**ない。（イ段）上一段活用

(3)「ない」を付けて、**エ段**の音になるのは下一段活用。

例 あまりたくさん**食べ**ない。（エ段）下一段活用　例 ボールを**投げ**ない。（エ段）下一段活用

※この「ない」は助動詞。「ない」を付けると、動詞は未然形になる。

ミス注意
【「ある」は五段活用】
「ある」は「ない」が付けられず、活用の種類が見分けにくい。「ない」と同じ意味の「ぬ」を付け、「あらぬ」とすれば、ア段の音になるので、五段活用とわかる。

2 五段・上一段・下一段活用の活用のしかた

(1) 五段活用の連用形は、「て」「た」に続くとき、音便《おんびん》形になることもある。

(2) 上一段・下一段活用には、語幹と活用語尾《ごび》の区別がないものがある。

		語幹	未然形	連用形	終止形	連体形	仮定形	命令形
			—ない —う・よう	—ます —た	—。	—とき —ので	—ば	—。
五段	知る	し	ら ろ	り っ	る	る	れ	れ
上一段	見る	○	み	み	みる	みる	みれ	みろ みよ
下一段	教える	おし	え	え	える	える	えれ	えろ えよ

テストの例題チェック

① 次の——線部の動詞の活用形を答えなさい。

(1) よく考えれば、理解できる。 ［仮定形］

(2) 子犬が遠くから走ってきた。 ［連用形］

② 次の——線部の動詞の活用の種類を答えなさい。

(1) 彼《かれ》は、急に表情を変えた。 ［下一段活用］

(2) まだ、試合は続いていた。 ［五段活用］

16 動詞の活用の種類(2)

テストでは カ行変格活用とサ行変格活用については、活用形を問われることが多い。それぞれの活用形をしっかり覚えよう。

1 カ行変格活用

(1) カ行変格活用（カ変）の動詞は「来る」の一語。
(2) カ行変格活用は、語幹と活用語尾《ごび》の区別がない。
(3) カ行を中心に変則的に変化する。

語幹		未然形	連用形	終止形	連体形	仮定形	命令形
		―ない ―よう	―ます ―た	―。	―とき ―ので	―ば	―。
来る	○	こ	き	くる	くる	くれ	こい

2 サ行変格活用 出る

(1) サ行変格活用（サ変）の動詞は「する」。
(2) 「～する」という形の複合動詞も、サ行変格活用。

例 ついに実験が**成功する**。（成功＋する）

例 失敗した原因について**反省する**。（反省＋する）

(3) サ行変格活用の複合動詞には、いろいろな形がある。

命令する　運動する　感心する　うわさする
達する　決する　愛する　罰《ばっ》する
信ずる　感ずる　重んずる　スケッチする

※「～ずる」の形の複合動詞も、サ行変格活用。

語幹		未然形	連用形	終止形	連体形	仮定形	命令形
		―ない ―ぬ・―せる	―ます ―た	―。	―とき ―ので	―ば	―。
する	○	し せ・さ	し	する	する	すれ	しろ せよ

（未然形の「せ」は、「ぬ」に続く。
未然形の「さ」は、「せる」「れる」に続く。）

ミス注意

【「愛する」と「愛す」】

「愛する」はサ変だが、「愛す」は五段。それぞれ終止形の違《ちが》いに注意しよう。

テストの例題チェック

① **次の――線部の動詞の活用形を答えなさい。**

(1) 僕《ぼく》の家に来ればよい。 ［仮定形］
(2) 早く来い。 ［命令形］
(3) 準備をさせる。 ［未然形］
(4) よく話をした。 ［連用形］

② **次の――線部がサ行変格活用の動詞ならば○、そうでなければ×と答えなさい。**

(1) 日本語に訳す。 ［×］
(2) 部下に命ずる。 ［○］
(3) 以下の文は省略する。 ［○］

17 自動詞・他動詞

テストでは
自動詞・他動詞は、動詞の分類の一つ。単独で出題されることは少ない。動詞の活用の種類と関連づけて理解しておこう。

1 自動詞と他動詞の働き

(1) 主語の動作や作用を表す動詞を自動詞という。

例 川が**流れる**。
→主語「川」の動作や作用を表す。

例 飛行機が**飛ぶ**。
→主語「飛行機」の動作や作用を表す。

(2) 主語とは別のもの（人）に及《およ》ぼす動作や作用を表す動詞を他動詞という。

例 川が土砂《どしゃ》を**流す**。
→「土砂」に及ぼす動作や作用を表す。

例 石を**沈《しず》める**。
→「石」に及ぼす動作や作用を表す。

(3) 他動詞は、「〜を」という目的・対象を示す修飾語《しゅうしょく》に続く。

例 ○火を**消す**。（他動詞）

×火を**消える**。（自動詞）
→「を」に続くのは、他動詞「消す」。

2 対《つい》になる自動詞・他動詞 出る

(1) 自動詞と他動詞は、対になるものが多い。

ミス注意

【対にならない自動詞・他動詞】
すべての動詞に対になる自動詞・他動詞があるわけではない。

例
ある（自動詞）…他動詞はない。
蹴《け》る（他動詞）…自動詞はない。

例 全員が集まる。（自動詞）／全員を集める。（他動詞）

(2) 対になる自動詞・他動詞は、活用の行・種類が異なるものが多い。

例 湯がわく。（自動詞・カ行五段）／湯をわかす。（他動詞・サ行五段）

例 話が続く。（自動詞・カ行五段）／話を続ける。（他動詞・カ行下一段）

(3) 自動詞と他動詞が同形のものもある。

例 友人が笑う。（自動詞・ワ行五段）／友人を笑う。（他動詞・ワ行五段）

例 弟が怒《おこ》る。（自動詞・ラ行五段）／弟を怒る。（他動詞・ラ行五段）

テストの例題チェック

① 次の——線部の動詞が、自動詞か他動詞かを答えなさい。

(1) 多くの疑問を残す。 ［ 他動詞 ］

(2) 今までと、考え方が変わる。 ［ 自動詞 ］

② 次の——線部の自動詞と対になる他動詞を答えなさい。

(1) 故郷から手紙が届く。 ［ 届ける ］

(2) ついに決勝で負ける。 ［ 負かす ］

18 可能動詞・補助動詞

テストでは
可能動詞は、活用の種類に注意する。補助動詞に関しては、動詞の問題としてより、文節と文節の関係についての出題が多い。

1 可能動詞

(1) 五段活用の動詞に、「～することができる」という意味が加わる動詞。

例 兄は、上手に英語を**話す**。（五段活用の動詞）→**話せる**（可能動詞）

(2) 可能動詞は、すべて下一段活用。

例 もう**待て**（可能動詞）ない。（エ段→エ段の音に「ない」が付いているので下一段。）

(3) 五段活用以外の動詞は、付属語を付けて、可能の意味を表す。

例 この店の料理なら**食べる**（下一段活用の動詞）。→この店の料理なら食べ**られる**（付属語）。（可能の意味を表す。）

※「られる」は、活用のある付属語（助動詞）。可能の意味を表す。

ミス注意
【「見れる（ら抜《ぬ》き言葉）」は誤り】
「見る」のような五段活用以外の動詞を、可能動詞とみなして「見れる」とするのは、一般的《いっぱんてき》とはいえない。「見られる」が正しい。

2 補助動詞（形式動詞）

(1) 本来の意味が薄《うす》れ、直前の語を補助する働きの動詞。

例 宿題を早めにやって**おく**。

補助動詞

「やって」という文節を補助している。

(2) 補助動詞の上には、付属語の「て（で）」がある。

例 もう一度、考え**てみる**。

付属語　補助動詞

例 これは、国語の教科書**である**。

付属語　補助動詞

※「て（で）」は、活用のない付属語（接続助詞）。

テストの例題チェック

① **次の――線部の動詞を、可能動詞に直して答えなさい。**

(1) 鳥が、大空を飛ぶ。 ［ 飛べる ］

(2) 親友には、本音も言う。 ［ 言える ］

② **次の――線部が補助動詞ならば○、そうでなければ×と答えなさい。**

(1) 雨が降っているかどうか、見てくる。 ［ ○ ］

(2) 新任の先生が教室にくる。 ［ × ］

19 形容詞(1)

テストでは
文中の語の品詞名（形容詞）を書かせる問題がよく出る。形容詞の活用も、しっかり覚えておこう。

1 形容詞の性質

(1) 人や物事の性質・状態などを表す。

例 彼《かれ》は**やさしい**人です。（「彼」の性質を表している。）　例 空が**明るい**。（「空」の状態を表している。）

(2) 活用する自立語で、言い切りの形（終止形）が「い」で終わる。

例 赤い　よい　うれしい　大きい　美しい

2 形容詞の働き

(1) 単独で、修飾《しゅうしょく》語・述語になる。

例 あの**青い**花は**珍《めずら》しい**。（修飾語：青い／述語：珍しい）

(2) 付属語を伴《ともな》って、いろいろな文の成分になる。

例 **美しいので**、どうしても、欲《ほ》しくなった。（接続語：美しいので／形容詞：美しい・助詞：ので）

参考

【形容詞が主語になる形】

形容詞は、そのまま単独では主語にならない。「形容詞＋の（助詞）＋助詞」の形で主語になることを、覚えておこう。

例 大きいのが、僕《ぼく》のだ。
暑いのは、我慢《がまん》できる。

3 形容詞の活用

(1) 活用は一種類…すべての形容詞は、同じ活用のしかたをする。
(2) 命令形がない…未然形・連用形・終止形・連体形・仮定形の五つ。

語幹		未然形	連用形	終止形	連体形	仮定形	命令形
		―う	―た ―ない	―。	―とき ―ので	―ば	
明るい	明る	かろ	かっ く・う	い	い	けれ	○

※連用形「～く」に、「ございます・存じます」が続くと、ウ音便になる。

例 暑くございます→暑うございます

テストの例題チェック

① 次の各文から、形容詞を一つずつ、そのままの形で抜《ぬ》き出しなさい。

(1) 次第に、雨が強く降ってきた。 [強く]

(2) 走ったので、とても苦しかった。 [苦しかっ]

② 次の――線部の形容詞の活用形を答えなさい。

(1) 面白い本が読みたい。 [連体形]

(2) 天気がよければ、出かけよう。 [仮定形]

20 形容詞(2)

テストでは
形容詞の中には、ほかの品詞と見分けるのが難しいものもあるので、識別の問題でもよく出題される。形容詞の基本的な性質をおさえよう。

1 補助形容詞(形式形容詞)

(1) 本来の意味が薄《うす》れ、直前の語の意味を補う働きの形容詞。

例 影響《えいきょう》は、そんなに大きくない。（補助形容詞）「存在しない」という意味が薄い。

例 影響は、ない。（普通の形容詞）

(2) 主な補助形容詞は、「ない・よい・ほしい」など。

例 早く来てほしい。（補助形容詞）付属語「て(で)」に続くことが多い。

2 複合形容詞

(1) 名詞＋形容詞

例 力強い　耳新しい　生ぬるい

(2) 動詞＋形容詞

例 見にくい　聞き苦しい　話しやすい

ミス注意

【形容詞の「ない」を見分けよう】

①大きくない→大きく（は）ない…○
②走らない→走ら（は）ない…×
①は、「大きくはない」と「は」を補えるので形容詞。②は、「は」を補うと「走らはない」となって意味が通らないので、助動詞。
また、助動詞の「ない」は「走らぬ」と「ぬ」に言い換えられる。

(3) 形容詞の語幹＋形容詞

例 青白い　細長い　重苦しい

3 派生形容詞

(1) 形容詞に接頭語が付いてできたもの。

例 すばやい（接頭語 す ＋ 形容詞 ばやい）　例 けだるい（接頭語 け ＋ 形容詞 だるい）

(2) いろいろな単語に接尾語《せつび》が付いてできたもの。

例 子供らしい（名詞 子供 ＋ 接尾語 らしい）　例 飽《あ》きっぽい（動詞 飽き ＋ 接尾語 っぽい）

参考

【名詞＋らしい】

「子供らしい」のような形の言葉は、接尾語の付いた形容詞のほか、名詞＋助動詞もあるので、区別して覚えておこう。

子供らしい絵。……形容詞

この絵を描《か》いたのは子供らしい。……名詞＋助動詞

この助動詞の「らしい」は「どうやら～のようだ」という意味を表す。形容詞との意味の違《ちが》いに注意する。

テストの例題チェック

① 次の各文から、補助形容詞を抜《ぬ》き出しなさい。

(1) 怒《おこ》らないで聞いてほしい。　［ほしい］

(2) 話がないなら、帰ってよい。　［よい］

② 次の——線部が形容詞ならば○、そうでなければ×と答えなさい。

(1) この男の子は、彼《かれ》の子供らしい。　［×］

(2) とても子供らしい考え方だ。　［○］

21 形容動詞

テストでは
形容動詞は、ほかの品詞と見分けるのが難しいので、出題のほとんどが識別の問題だ。活用のしかたと、基本的な性質をおさえよう。

1 形容動詞の性質

(1) 人や事物の性質・状態などを表す。

例 彼《かれ》は**穏《おだ》やかな**性格だ。　→「彼」の性質を表している。

例 魚が**新鮮《しんせん》だ**。　→「魚」の状態を表している。

(2) 活用する自立語で、言い切りの形（終止形）が「だ・です」で終わる。

例 元気だ　きれいだ　清潔だ　朗《ほが》らかです

2 形容動詞の働き

(1) 単独で、修飾《しゅうしょく》語・述語になる。

例 いつもは**静かな**店も、今日は**にぎやかだ**。
（静かな＝修飾語、にぎやかだ＝述語）

(2) 付属語を伴《ともな》って、いろいろな文の成分になる。

例 **のんきな**のが、僕《ぼく》のとりえだ。
（のんきなのが＝主語　のんきな＝形容動詞　の＝助詞）

ミス注意

【形容動詞には「とても」が付く】

形容動詞の識別で迷ったら、「とても」を補ってみよう。うまくつながれば形容動詞。

例 私は健康だ。
→私はとても健康だ。（形容動詞）○

例 大切なものは健康だ。
→大切なものはとても健康だ。（名詞＋助動詞）×

3　形容動詞の活用

(1) 活用は二種類…「〜だ」型と「〜です」型の二つの活用のしかたがある。

(2) 命令形がない…未然形・連用形・終止形・連体形・仮定形の五つ。

※「〜です」型の活用には、仮定形もない。

	語幹	未然形	連用形	終止形	連体形	仮定形	命令形
		—う	—た・—ない —なる	—。	—ので —とき	—ば	
元気だ	元気	だろ	だっ・で・に	だ	な	なら	○
親切です	親切	でしょ	でし	です	(です)	○	○

テストの例題チェック

① 次の——線部の形容動詞の活用形を答えなさい。

(1) 足取りは、軽やかだった。　［連用形］

(2) さわやかな風に吹《ふ》かれる。　［連体形］

② 次の——線部が形容動詞ならば○、そうでなければ×と答えなさい。

(1) 彼の説明は、とても科学的だ。　［○］

(2) 今、望まれるのは、平和だ。　［×］

22 名詞

テストでは
名詞は、その種類について出題されることが多い。一つ一つの種類の特《とく》徴《ちょう》をとらえよう。特に代名詞を正確に理解しておこう。

1 名詞の性質・働き

(1) 人や物事の名前を表したり、指し示したりする、活用しない自立語（体言）。

(2) 単独でも主語になることができる。

例 **私**、質問に答えます。　主語

例 **三人**、家に訪ねてきた。　主語

(3) 付属語を伴《ともな》って、いろいろな文の成分になる。

例 ほしかったのは、**それだ**。　述語（それ＝名詞　だ＝助動詞）

例 やっと**目的地に**着いた。　修飾語（目的地＝名詞　に＝助詞）

2 名詞の種類 出る

(1) 普通《ふつう》名詞…一般《いっぱん》的な物事の名前を表す。

例 自転車　空　教科書　過去　スポーツ

(2) 固有名詞…人名・地名・国名などの名前を表す。

例 野口英世《のぐちひでよ》　ショパン　富士山《ふじさん》　日本

(3) 数詞…数・量・時間・順序などを表す。

例 三冊　二か月　五時間　一位　四種類

(4) 形式名詞…本来の意味が薄《うす》れた名詞。

例 今、終わったところだ。

(5) 代名詞…人や物事を指し示す。

①人称《にんしょう》代名詞…人を指し示す。

例 私　あなた　君　彼《かれ》　誰《だれ》

②指示代名詞…物事・場所・方向を指し示す。

例 これ　そこ　あそこ　どれ

ミス注意

【形式名詞と普通名詞】

形式名詞と普通名詞を見分けるには、文中で何を表しているかをとらえる。

例 時が過ぎる。
↓普通名詞…「時間」を表す。

例 遅《おく》れたときは、連絡《れんらく》する。
↓形式名詞…「場合」を表す。

テストの例題チェック

① 次の各文から名詞を一つずつ、そのままの形で抜《ぬ》き出しなさい。

(1) 新しいのは、ここで買った。　［ ここ ］

(2) 作るのに、三時間かかった。　［ 三時間 ］

② 次の――線部の名詞の種類を答えなさい。

(1) ブラジルのチームが来日する。　［ 固有名詞 ］

(2) 考えたとおりに実行する。　［ 形式名詞 ］

23 副詞

テストでは
副詞とほかの品詞を識別させる問題がよく出る。また、文中の適切な呼応の副詞を選ばせる問題も出やすい。

1 副詞の性質

(1) 活用しない自立語で、主に用言を含《ふく》む文節を修飾《しゅうしょく》する（連用修飾語になる）。

例 空が**すっかり**晴れる。
（すっかり：連用修飾語 → 晴れる：被《ひ》修飾語）
副詞 ／ 動詞

例 この花は**とても**きれいだ。
（とても：連用修飾語 → きれいだ：被修飾語）
副詞 ／ 形容動詞

(2) 連体修飾語になることもある。…程度の副詞か助詞「の」を伴《ともな》った形のもの。

例 **ずっと**以前のことです。
（ずっと：連体修飾語 → 以前の：被修飾語）
副詞 ／ 名詞を含む文節

例 **いつも**の定食を注文する。
（いつもの：連体修飾語 → 定食を：被修飾語）
副詞 ／ 助詞 ／ 名詞を含む文節

2 副詞の種類

(1) 状態の副詞…主に動詞を修飾し、動作や作用の状態を表す。

例 戸を**そっと**閉める。
（「閉める」状態を表す。）
状態の副詞 ／ 動詞

例 雨が**ザーザー***降る。
（「降る」状態を表す。）
状態の副詞 ／ 動詞

＊擬態《ぎたい》語・擬声語も副詞である。

(2) 程度の副詞…用言のほか、体言や副詞も修飾し、物事の性質や状態の程度を表す。

例 たいへんおもしろい。
「おもしろい」の程度を表す。
程度の副詞 → 形容詞

例 かなり昔のことだ。
「昔」の程度を表す。
程度の副詞 → 名詞を含む文節

例 もっとゆっくり話せ。
「ゆっくり」の程度を表す。
程度の副詞 → 副詞

(3) 呼応（陳述《ちんじゅつ》・叙述《じょじゅつ》）の副詞…受ける文節が決まった言い方になる。

疑問	**なぜ**知ったのです**か**。
仮定	**もし**雨が降れ**ば**中止だ。
推量	**たぶん**来ない**だろう**。
希望	**ぜひ**教えて**ください**。
たとえ	**まるで**魚の**ように**泳ぐ。
否定（打ち消し）	**少しも**悪く**ない**。
否定の推量	**まさか**父は知る**まい**。

ミス注意

【「こう」「そう」は副詞】

こそあど言葉のうち、「こう・そう・ああ・どう」は副詞である。

例 こうするといい。
連用修飾語

テストの例題チェック

① 次の――線部が副詞であるものに、○と答えなさい。

(1) 天気もよく、最高だった。［　］
(2) 彼《かれ》とまたいつか会いたい。［○］
(3) 運動はあまり好きでない。［○］
(4) この寒さで草が枯《か》れた。［　］

② 次の各文の（　）に入る言葉を、〔　〕から選びなさい。

(1) 決して彼を許さ（ ない ）。
(2) さもわかっているかの（ ようだ ）。
(3) どうか助けて（ ほしい ）。
〔ようだ　ほしい　う　ない〕

1章 文法

24 連体詞

テストでは

用言の連体形と、連体詞を識別させる問題がよく出る。また、連体詞を抜《ぬ》き出させる問題も出る。

1 連体詞の性質

(1) 活用しない自立語で、体言を含《ふく》む文節を修飾《しゅうしょく》する（連体修飾語だけになる）。

例 あらゆる商品が並んでいる。

（あらゆる：連体修飾語・連体詞 → 商品が：被《ひ》修飾語・名詞を含む文節）

(2) 連体詞は、転成（ある品詞の語がほかの品詞に変わること）したものが多い。

例 小さい池に、小さな魚がいる。

（小さい：形容詞　小さな：連体詞 ↓形容詞「小さい」から転成。）

2 連体詞の形

(1)「〜の」型　例 この・その・あの・どの・ほんの

(2)「〜る」型　例 ある・去る・来《きた》る・いわゆる・いかなる

(3)「〜な」型　例 大きな・いろんな・おかしな

(4)「〜が」型　例 我が・我らが

(5)「〜た・だ」型　例 たいした・とんだ・大それた

参考

【こそあど言葉の品詞はいろいろある】

「この・その・あの・どの」は連体詞だが、こそあど言葉にはいろいろな品詞があるので注意する。

①名詞…例 これ・そこ

②副詞…例 こう・そう

③形容動詞…例 こんなだ*

*「こんな」で連体詞とすることもある。

3 連体詞の見分け方

出る

(1) いろんな・いろいろな…「～な」を「～だ」の形に変えられれば形容動詞。

例 いろんな話を聞く。→いろんだ×→連体詞
いろいろな話を聞く。→いろいろだ○→形容動詞

(2) 大きな・大きい…「～い」の形は形容詞。

例 大きなみかんを食べる。→連体詞
大きいみかんを食べる。→形容詞

(3) ある…「存在する」と言い換《か》えられれば動詞。

例 ある山小屋を訪ねる。→「存在する」と言い換えられないので連体詞。
山にある小屋を訪ねる。→「存在する」と言い換えられるので動詞。

テストの例題チェック

① 次の各文から連体詞を抜き出しなさい。

(1) それはとんだ災難だ。〔とんだ〕
(2) 我が国の歴史を学ぶ。〔我が〕
(3) これらの病気は、いわゆる公害によるものだ。〔いわゆる〕

② 次の――線部が連体詞のものに、○と答えなさい。

(1) さる十日に結婚《けっこん》をした。〔○〕
(2) ああ言えばこう言う。〔　〕
(3) おかしなことを言う。〔○〕
(4) 穏《おだ》やかな春の日だ。〔　〕

25 接続詞

テストでは

文や文章の空欄《くうらん》に合う接続詞を当てはめる問題がよく出る。また、接続詞とほかの品詞とを識別させる問題も出る。

1 接続詞の性質

(1) 活用しない自立語で、文や文節をつなぎ、その関係を示す働きをする。

例 東京、（文節）および（接続詞）近県は雨が降る。（文節）
文節と文節を並立の関係でつなぐ。

例 雨が降った。（文）すると、（接続詞）緑が生き生きした。（文）
文と文を順接の関係でつなぐ。

(2) 単独で、接続語だけになる。

2 接続詞の種類 出る

順接	だから・それで すると・そこで ゆえに したがって	前の事柄《ことがら》が原因・理由となり、その順当な結果があとにくることを表す。	風邪《かぜ》を引いた。**だから**、学校を休んだ。
逆接	だが・でも しかし ところが けれども	前の事柄から予想されることとは反対の内容があとにくることを表す。	風邪を引いた。**でも**、学校を休まなかった。

並立・累加《るいか》	また・および なお・しかも それから そのうえ	前の事柄に、あとの事柄を並べたり、付け加えたりすることを表す。	風邪を引いた。**しかも**、高熱が出た。
対比・選択《せんたく》	あるいは それとも または もしくは	前の事柄とあとの事柄を比べたり、どちらかを選んだりすることを表す。	お茶にするか。**それとも**ジュースにするか。
説明・補足	つまり なぜなら ただし すなわち	前の事柄について、あとで説明したり、補足したりする。	学校に行ってもかまわない。**ただし**、無理はするな。
転換《てんかん》	では・さて ところで ときに それでは	前の事柄から、話題を変えることを表す。	質問はないですか。**では**、次の議題に移ります。

テストの例題チェック

① 次の（　）に当てはまる接続詞を、〔　〕から選んで書きなさい。

(1) 寒かった。（ それで ）、上着を着た。
(2) 疲《つか》れた。（ なぜなら ）、走ったからだ。
(3) 走った。（ でも ）、遅刻《ちこく》した。
〔でも　では　なぜなら　それで〕

② 次の――線部が接続詞であるものに、○と答えなさい。

(1) 静かだから、落ち着く。〔　〕
(2) 運動をすると、腹が減る。〔　〕
(3) よく食べ、また、よく寝《ね》る。〔○〕
(4) 電話もしくはメールをする。〔○〕

26 感動詞

テストでは 感動詞とほかの品詞を識別させる問題がよく出る。また、感動詞の種類を問うものも出る。性質と種類をおさえよう。

1 感動詞の性質

(1) 活用しない自立語で、文の成分として独立語だけになる。

例 おお、何と美しい楽曲なんだ。

（おお＝感動詞 → ほかの文節に直接係らず、感動を表す。）

(2) それ一語だけで一文にもなる。

例 おはよう。宿題はやってきたかな。／はい。

（おはよう＝感動詞、はい＝感動詞 → 一文になっている。）

ミス注意

【感動詞と紛《まぎ》らわしい語】

例
まあよいでしょう。→副詞
まあ、びっくりした。→感動詞

例
あれはわたしの家です。→名詞
あれ、何かが変だな。→感動詞

ほかの文節との係り受けの関係がないほうが感動詞である。

2 感動詞の種類 出る

感動	あら・ああ・まあ・えっ・おや・へえ	あら、こんなところで会うとは驚《おどろ》いた。
呼びかけ	おい・あの・さあ・やあ・もしもし	あの、一緒《いっしょ》に帰りませんか。

応答	はい・いいえ・ええ・いや・うん・そう	はい、そのかばんは僕《ぼく》のものです。
あいさつ	こんにちは・こんばんは・さようなら	こんにちは、いい天気ですね。

3 感動詞の見分け方

◎「が」「は」を付けて、主語や修飾《しゅうしょく》語にならなければ感動詞。

例
それ、僕に渡《わた》してよ。→**それは**、僕に渡してよ。○→名詞
そう、そのとおりだ。→**そうは**、そのとおりだ。×→感動詞

テストの例題チェック

① 次の――線部の感動詞の種類を、〔 〕から選びなさい。

(1) えい、がんばるぞ。〔かけ声〕
(2) えっ、一位だったの。〔感動〕
(3) ええ、そのとおりです。〔応答〕

〔かけ声　応答　感動〕

② 次の――線部が感動詞であるものに、○と答えなさい。

(1) ちょっと右に寄る。〔 〕
(2) ちょっと、押《お》さないで。〔○〕
(3) この、よくもやったな。〔○〕
(4) この人、知らないよ。〔 〕

27 助詞の性質と働き・種類

テストでは

ほかの品詞と識別させたり、働きや種類を答えさせたりする問題が出る。まず、助詞の四つの種類と、それぞれの働きを覚えよう。

参考

【助詞の見つけ方】

①文を文節に分ける。
②文節ごとに、自立語か付属語かを見分ける。
③付属語のうち、活用のないものが助詞。

1 助詞の性質

(1) 活用のない付属語である。
(2) 自立語などのあとに付いて文節の一部になる。

例 桜が（名詞＋助詞）／満開で（名詞＋助詞）／きれいだなあ。（形容動詞＋助詞）
（桜が・満開で・きれいだなあ。それぞれ文節）

2 助詞の働き

(1) 文節と文節の関係を示す。…その文節の働きや、あとの文節との関係を示す。

①主語を示す。 例 **犬が** ほえる。（述語）
②連体修飾《しゅうしょく》語を示す。 例 **公園の** ブランコ。（体言（名詞））
③連用修飾語を示す。 例 **バスに** 乗る。（用言（動詞））
④接続語を示す。 例 **暑いので、** 上着を脱《ぬ》ぐ。
⑤並立《へいりつ》・補助の関係を示す。 例 **父と** 母。（並立の関係） **読んで** みる。（補助の関係）

(2) 意味を添《そ》える。…程度などの意味を付け加えたり、禁止などの気持ちを表したりする。

例 一時間**ほど**待つ。（程度）　例 そんなに笑う**な**。（禁止）

→文末に付くのは終助詞。

3 助詞の種類 出る

◎助詞は次の四種類がある。

格助詞	文節と文節の関係を表す。	が・を・に・で・へ・の・と・や・から・より
接続助詞	前後の文節をつなぐ。	例 て・ても・から・ので・と・が・けれど
副助詞	強調などの意味を添える。	例 は・こそ・さえ・しか・だけ・ばかり
終助詞	気持ちや態度を表す。	例 か・かしら・な・の・わ・ね・よ・ぞ

テストの例題チェック

① 次の――線部から、助詞ではないものを二つずつ選びなさい。

(1) 風の音|だけ|が一晩じゅうずっと|聞こえて|い|た。　［ と　た ］

(2) この本|は難解|だ|と聞い|た|けれど、本当|かしら。　［ だ　た ］

② 次の――線部から、意味を添える働きの助詞を一つずつ選びなさい。

(1) 僕《ぼく》|の荷物|に触《さわ》る|な。　［ な ］

(2) 一時間|くらい|かかった|けれど、ケーキ|を作った。　［ くらい ］

28 格助詞(1)

テストでは
ほかの助詞と識別させたり、それぞれの格助詞の意味・用法を答えさせたりする問題が出る。意味・用法ごとに整理しておこう。

1 格助詞の働きと接続

(1) 格助詞のある文節と、そのほかの文節との関係を表す。

例 「先生（名詞）**が**（格助詞）」〔主語〕 「説明する。」〔述語〕

(2) 主に体言に接続する。体言以外の語に接続することもある。

例 「文法（名詞）**を**（格助詞）」〔連用修飾語〕 「学習する。」〔被修飾語〕

例 「話す（動詞）**より**（格助詞）」〔連用修飾語〕 ほかない。

(3) 「が・を・に・で・へ・の・と・や・から・より」の十語だけ。

参考
【格助詞十語の覚え方】
次のように覚えるとよい。
を・に・が・と・より・で・から・の・へ・や
鬼《おに》 が 戸 より 出、空 の 部 屋

2 主語を示す格助詞 （出る）

(1) その文節が主語であることを示す。

が	例 私が（主語） 担当者だ。（述語）

(2) 文の成分の中に含《ふく》まれた、部分の主語であることを示す。

が	例 兄は（主語） 背が（部分の主語） 高い。（述語）〔述部〕

の	例 花の（部分の主語） 美しい（述語）〔主部〕 季節が 到来《とうらい》した。（述語）

3 並立《へいりつ》の関係を示す格助詞

◎文節と文節が並立の関係であることを示す。

に	例 好きな食べ物は、カレーに 寿司《すし》に いちごだ。（三つが並立の関係）
の	例 暑いの 寒いのと 大騒《おおさわ》ぎする。（二つが並立の関係）
と	例 スーパーで 卵と 牛乳と パンを 買う。（三つが並立の関係）
や	例 バスタオルや シーツを きれいに 洗う。（二つが並立の関係）

ミス注意

【格助詞と接続助詞】

①格助詞の十語を覚える。

②体言に付いている「が・と・から」は格助詞。

③用言に付いている「が・と・から」は接続助詞。

例 友人（体言）が言う（用言）が、…

例 両親（体言）と話す（用言）と、…

テストの例題チェック

① 次の――線部から、主語を示す格助詞を選び、記号で答えなさい。

(1) 私のア弟は、母のイ作ったのウしか、おにぎりは食べない。　［イ］

(2) 昨日の午後だがア、晴れていたがイ、風がウ強かった。　［ウ］

② 次の――線部が並立の関係を示す格助詞ならば○、そうでなければ×と答えなさい。

(1) 掃除《そうじ》と買い物を終えた。　［○］

(2) 大きな木の下で休む。　［×］

(3) 朝食はご飯にみそ汁《しる》だ。　［○］

29 格助詞(2)

テストでは
文の中から同じ意味・用法の格助詞を選ばせる問題では、ほかの助詞との識別も重要。格助詞以外の助詞との違《ちが》いをおさえよう。

1 連用修飾《しゅうしょく》語を示す格助詞 出る

◎その文節が連用修飾語であることを示す。

用言（動詞・形容詞・形容動詞）を含《ふく》む文節を修飾する。

を	例 絵を〈対象を表す〉 描《か》く。 雪道を〈場所を表す〉 歩く。
で	例 外で〈場所を表す〉 遊ぶ。 電車で〈手段を表す〉 行く。
へ	例 東へ〈方向を表す〉 進む。 先生へ〈対象を表す〉 伝える。
に	例 庭に〈場所を表す〉 いる。 七時に〈時刻を表す〉 起きる。
と	例 父と〈動作の相手を表す〉 話す。 「やあ。」と〈引用を表す〉 言う。
から	例 朝から〈起点を表す〉 とても 忙《いそが》しい。 例 牛乳から〈材料を表す〉 チーズが できる。
より	例 パンより〈比較《ひかく》の対象を表す〉 ご飯が 好きだ。 例 考え直すより〈限定を表す〉 ほかに ない。 否定の語を伴う。

2 そのほかの働きの格助詞

(1) その文節が対象語であることを示す。

が	例 僕《ぼく》は ケーキが〈対象語〉 食べたい。

(2) その文節が連体修飾語であることを示す。

（体言（名詞）を含む文節を修飾する。）

の	例 家の 植木ばちに 水を やる。（体言（名詞））

(3) 「こと・もの」などに言い換《か》えられる体言代用を表す。

…体言に準ずる資格をもつ助詞である。

の	例 運動するのが 好きだ。（「こと」に言い換えられる。）

ミス注意

【主語を示す「の」と体言代用の「の」】

①主語を示す「の」

例 色の美しいスカーフ。（部分の主語　述語）

→「が」に言い換えられる。

②体言代用の「の」

例 このカップは父のだ。

→「～のもの」と言い換えられる。

テストの例題チェック

① 連用修飾語を示す格助詞のうち、次の――線部と同じ意味・用法のものを一つ選び、記号で答えなさい。

＊スーパーにいる。

ア 弟と遊ぶ。　イ 家を建てる。

ウ 公園で会う。

［ウ］

② 次の――線部の「の」の働きを、それぞれ答えなさい。

(1) 姉のを借りて使う。［体言代用］

(2) 痛いのかゆいのと言う。［並立（の関係）］

(3) 図書館の本を読む。［連体修飾語］

(4) 弟が、母の選んだ服を着る。［部分の主語］

30 接続助詞(1)

テストでは
ほかの助詞と識別させたり、それぞれの接続助詞の働きを答えさせたりする問題が出る。働きごとに整理しておこう。

1 接続助詞の働きと接続

(1) さまざまな関係で、前後の文節をつなぐ。

(2) 主に活用語（用言・助動詞）に接続する。
（用言→動詞・形容詞・形容動詞）

例 早起きして、散歩する。
（早起きし＝動詞　て＝接続助詞）

(3)「て（で）・ても（でも）・から・ので・と・が・けれど（けれども）・ば」などがある。

ミス注意
【接続助詞と格助詞】
接続助詞と格助詞に共通するもの（が・と・から）は、それぞれの接続で見分ける。
接続助詞…用言・助動詞に接続する。
格助詞…主に体言に接続する。

2 単純接続の接続助詞 出る

(1) 並立《へいりつ》の関係を示す。…前後の文節が対等に並ぶ。
（→前後の内容を入れ換えても、意味が変わらない。）

て（で）	例 やさしく**て**、明るい性格。
し	例 運動もできる**し**、勉強もできる。
ば	例 料理もすれ**ば**、掃除《そうじ》もする。
が	例 野球も好きだ**が**、テニスも好きだ。

たり	例 散歩したり、休んだりする。
けれど（けれども）	例 読書もいいけれど、映画もいい。

(2) 補助の関係を示す。…下の文節が上の文節に意味を添《そ》える。

て（で）	例 先生に質問してみる。 校庭で遊んでいる。

(3) 同時であることを示す。…前後の動作が同時に行われることを表す。

ながら	例 ピアノを弾きながら、歌う。
つつ	例 お茶を飲みつつ、本を読む。

テストの例題チェック

① 次の――線部の接続助詞の働きを、それぞれ答えなさい。

(1) 広くて明るい部屋。 〔並立（の関係）〕

(2) 挑戦《ちょうせん》してみよう。 〔補助（の関係）〕

(3) 喜んでもらえた。 〔補助（の関係）〕

(4) 安くておいしい。 〔並立（の関係）〕

② 次の――線部が動作が同時に行われることを示す接続助詞ならば○、そうでなければ×と答えなさい。

(1) 歩きながら話す。 〔○〕

(2) 若いながら実力がある。 〔×〕

(3) 頭を下げながら謝《あやま》る。 〔○〕

31 接続助詞(2)

テストでは 文の中から同じ働きの接続助詞を選ばせる問題では、ほかの助詞との識別も重要。接続助詞以外の助詞との違《ちが》いをおさえよう。

1 条件接続(順接)の接続助詞

(1) 確定の順接を示す。…前の事柄《ことがら》に対して、あとに順当な内容がくる。

接続助詞の前の内容が、事実や確実なことである場合。

て(で)	例 風邪《かぜ》を引い**て**、学校を休む。
から	例 暑い**から**、上着を脱《ぬ》いだ。
ば	例 冬になれ**ば**、暖房《だんぼう》器具がいる。
ので	例 急いだ**ので**、間に合った。
と	例 説明する**と**、わかってくれた。
し	例 今日は遅《おそ》い**し**、もう帰ろう。

(2) 仮定の順接を示す。…前で仮定したことに対して、順当な内容がくる。

接続助詞の前の内容が、「もし……」と仮に想定したことである場合。

ば	例 宿題が終われ**ば**、遊びに行ける。
と	例 早く行かない**と**、店が閉まる。

2 条件接続(逆接)の接続助詞 出る

(1) 確定の逆接を示す。…前の事柄に対して、あとにそれと反対の内容がくる。

て(で)	例 わかってい**て**、実行に移さない。
ても(でも)	例 何を言って**も**、無駄《むだ》だった。

が	例 疲《つか》れたが、もう少し頑張《がんば》ろう。
のに	例 暑いのに、長袖《ながそで》を着ている。
けれど（けれども）	例 急いだけれど、間に合わなかった。
ながら	例 知っていながら、言わない。

(2) 仮定の逆接を示す。…前で仮定したことに対して、あとに反対の内容がくる。

ても（でも）	例 何があっても、平気だ。
と	例 失敗しようと、意欲は変わらない。
が	例 どう言われようが、気にしない。
ところで	例 行ったところで、もう遅い。

ミス注意

【接続助詞と接続詞】

①活用語に接続し、文節の一部になっていれば、接続助詞。例 室内だが、寒い。

②文の初めにあり、文と文をつないでいれば、接続詞。例 室内だ。が、寒い。

テストの例題チェック

① 次の——線部の接続助詞が、順接か逆接かを答えなさい。

(1) 知っていて、見逃《みのが》す。〔逆接〕
(2) 疲れたので、休みたい。〔順接〕
(3) 荷物が重いと、困る。〔順接〕
(4) いい商品だが、高価だ。〔逆接〕

② 次の——線部が接続助詞ならば○、それ以外ならば×と答えなさい。

(1) 疲れた。が、休まない。〔×〕
(2) 転んで、足をくじく。〔○〕
(3) 迷ったが、これを選んだ。〔○〕
(4) 親戚《しんせき》から結婚《けっこん》式の案内状が届く。〔×〕

32 副助詞

テストでは

それぞれの副助詞の意味を答えさせたり、同じ意味の副助詞を選ばせたりする問題が出る。複数の意味をもつものは覚えておこう。

1 副助詞の働きと接続

(1) 強調・例示・限定・程度・類推など、いろいろな意味を付け加える。

類推 → 似たことをもとに、ほかのことを推《お》し量ること。

(2) 体言・用言・助詞など、いろいろな語に接続する。

助詞 → 活用のない付属語。

例 私（体言）**だけ**が知っている。 だけ → 限定を表す。

例 一日じゅう、寝《ね》て（助詞）**ばかり**いた。 ばかり → 限定を表す。

(3) 「は・こそ・さえ・しか・だけ・きり・も・でも・など・だって・か・なり・とか・やら・ほど・くらい・ばかり・まで・ずつ」などがある。

2 主な副助詞の意味・用法 出る

◎主な副助詞の意味・用法には、次のようなものがある。

副助詞	意味	例
は	題目	例 あの人**は**隣《となり》の家の人だ。
	強調	例 そう悪く**は**ない出来だ。
も	添加《てんか》	例 熱に加え、せき**も**出てきた。
	並立	例 父**も**母**も**楽しそうだった。
こそ	強調	例 今年**こそ**優勝したい。
しか	限定	例 パン一枚**しか**食べない。

題目 → テーマとして取り立てて示すこと。

副助詞	意味	例
だけ	限定	例 今日は数学の勉強**だけ**した。
さえ	類推	例 眠《ねむ》ること**さえ**できない。
	添加	例 強風のうえ、雨**さえ**降る。
	限定	例 安く**さえ**あればいい。
まで	限定	例 明日**まで**に終わらせる。
	添加	例 犬のほか、猫《ねこ》**まで**飼う。
でも	例示	例 映画**でも**見に行こうか。
	類推	例 この本は大人**でも**難しい。
くらい	程度	例 二十分**くらい**待つ。
ばかり	程度	例 一週間**ばかり**休む。
	限定	例 水**ばかり**欲《ほ》しがる。
	完了《かんりょう》	例 今終わった**ばかり**だ。

参考

【主に話し言葉で使われる副助詞（程度）】

どころ（程度） 例 それどころではない。

なんか（例示） 例 赤い服なんかどうですか。

テストの例題チェック

① 次の――線部の副助詞の意味を、それぞれ答えなさい。

(1) 山田さんこそ適任だ。 ［強調］

(2) 子供でさえわかる。 ［類推］

(3) 十日ばかりかかる。 ［程度］

(4) デザートまで食べる。 ［添加］

② 次の――線部が限定の意味ではないものを選び、記号で答えなさい。

ア 試合のことだけ考える。

イ 信じてくれさえすればうれしい。

ウ 彼女《かのじょ》くらい優秀《ゆうしゅう》な人はいない。

エ 彼《かれ》の作品しか知らない。

［ウ］

33 終助詞

テストでは

ほかの品詞と識別させたり、終助詞の意味を答えさせたりする問題が出る。複数の意味をもつものは覚えておこう。

1 終助詞の働きと接続

(1) 感動・疑問・命令・念《ねん》押《お》しなど、話し手（書き手）の気持ちや態度を表す。

(2) 主に文末に付く。文中で文節の終わりに付くこともある。

例 今、何時です**か**。→質問を表す。
例 空がきれいだ**なあ**。→感動を表す。
例 私は**ね**、今日はもう帰る**よ**。→念押しを表す。

(3) 「か・かしら・な（なあ）・の・わ・ね（ねえ）・よ・さ・や・ぞ・とも・ものか・こと・ぜ」などがある。

2 主な終助詞の意味・用法 出る

◎主な終助詞の意味・用法には次のようなものがある。

か	
疑問	例 なぜ学校を休んだの**か**。
勧誘《かんゆう》	例 一緒《いっしょ》に出かけよう**か**。
反語	例 そんなことあるもの**か**。
感動	例 なんと美しいこと**か**。

な（なあ）	
禁止	例 夜ふかしをする**な**。
感動	例 おいしいパンだ**な(あ)**。
願望	例 旅行に行きたい**な(あ)**。
念押し	例 これでいいんだ**な**。

→「なあ」には、禁止・念押しの意味はない。

かしら		
	疑問	例 どこに行ったかしら。
	感動	例 なんて素敵《すてき》なのかしら。

の		
	疑問	例 これからどうするの。
	命令	例 廊下《ろうか》は走らないの。

わ		
	感動	例 まあ、見事なバラだわ。
	念押し	例 青いノートが欲《ほ》しいわ。

ぞ		
	強調	例 明日は雨らしいぞ。
	念押し	例 君が言い出したんだぞ。

よ		
	勧誘《かんゆう》	例 早く帰ろうよ。
	念押し	例 きちんとやるんだよ。
	呼びかけ	例 雨よ、大地に降り注げ。
	告知	例 もう終わったよ。

とも		
	強調	例 わかりましたとも。

参考

【終助詞の特徴《とくちょう》】

①多くは、文末にある。

②取り去っても文が成り立つ。

例 何か食べたいが、何がいいだろうか。（終助詞→か）

テストの例題チェック

① **次の――線部の終助詞の意味を、それぞれ答えなさい。**

(1) 彼《かれ》はだれかしら。　［疑問］

(2) 早く会いたいな。　［願望］

(3) とてもきれいだわ。　［感動］

(4) 少年よ、大きくなれ。　［呼びかけ］

② **次の――線部が終助詞ならば○、そうでなければ×と答えなさい。**

(1) 父が行ったのは銀行だ。　［×］

(2) 明日はどこへ行くの。　［○］

(3) 姉か兄に聞いてみる。　［×］

(4) これからどうしようか。　［○］

34 助動詞の性質と働き・分類

テストでは ほかの品詞と識別させたり、それぞれの助動詞の意味を答えさせたりする問題が出る。まず、助動詞の主な働きや意味を覚えよう。

1 助動詞の性質

(1) 活用する付属語である。

(2) 自立語のあとに付いて文節の一部になる。

例 勉強する（自立語）**そうだ**（助動詞）。

例 練習さ（自立語）**せ られ た**（助動詞）。
→一文節中に二つ以上使われることもある。

2 助動詞の働き

(1) 意味を添《そ》える。…用言やほかの助動詞など、活用する単語に付く。

例 妹に旅行先を場所を選ば（用言）**せる**。 助動詞（使役《しえき》）
→妹に「選ぶ」という動作を「させる」という、使役の意味を添えている。

(2) 気持ちや判断を表す。…主に体言や助詞など、活用しない単語に付く。

例 あの建物が駅（体言）**らしい**。 助動詞（推定）
→「あの建物」が駅だと推定するという、書き手の判断を表している。

3 助動詞の意味による分類 出る

(1) 一つの意味だけをもつ助動詞には、次のものがある。

使役…せる・させる　否定(打ち消し)…ない・ぬ(ん)　断定…だ
丁寧《ていねい》な断定…です　希望…たい・たがる　丁寧…ます　推定…らしい

(2) 複数の意味をもつ助動詞には、次のものがある。

受け身・可能・自発・尊敬…れる・られる
推量・意志・勧誘《かんゆう》…う・よう
過去・完了《かんりょう》・存続・想起(確認)…た
伝聞・推定(様態)…そうだ・そうです
否定の推量・否定の意志…まい
推定・例示・比況《ひきょう》(たとえ)…ようだ・ようです

参考

【接続する活用形による分類】

①未然形…せる・させる・れる・られる・ない・ぬ(ん)・う・よう・まい
②連用形…たい・たがる・ます・た・そうだ・そうです(推定)
③終止形…らしい・まい・だ・です・そうだ・そうです(伝聞)
④連体形…ようだ・ようです

テストの例題チェック

① 次の――線部が助動詞ならば○、そうでなければ×と答えなさい。

(1) 父は中学校の教師だ。 〔○〕
(2) 桜の花がきれいだ。 〔×〕
(3) だれにも負けない。 〔○〕
(4) しょう油がもうない。 〔×〕

② 次の――線部の助動詞の意味を、それぞれ答えなさい。

(1) 明日遠足に行きます。 〔丁寧〕
(2) 店が閉店するらしい。 〔推定〕
(3) 早く遊びに行きたい。 〔希望〕
(4) 弟に手伝わせる。 〔使役〕

35 「れる」「られる」

テストでは
四つの意味を識別させたり、「れる・られる」を活用語尾《ごび》に含《ふく》む動詞と区別させたりする問題が出る。

1 「れる」「られる」の活用

基本形	未然形	連用形	終止形	連体形	仮定形	命令形
れる	れ	れ	れる	れる	れれ	れろ れよ
られる	られ	られ	られる	られる	られれ	られろ られよ

2 「れる」「られる」の接続

(1)「れる」は、五段・サ行変格活用の動詞の未然形に付く。
(2)「られる」は、上一段・下一段・カ行変格活用の動詞の未然形、使役《しえき》の助動詞「せる・させる」の未然形に付く。

3 「れる」「られる」の意味 出る

(1) 受け身・可能・自発・尊敬の四つの意味がある。
(2) 可能の意味の「れる」は、可能動詞の活用語尾《ごび》と混同しやすい。
→「登れる・乗れる」など。

ミス注意
【「登れる」の「れる」は動詞の一部】
① 「ナイ」に言い換《か》えられれば、助動詞。
例 笑われる
↓○笑わない
② 「ナイ」に言い換えられなければ、動詞の活用語尾。
例 登れる
↓×登ない

(3) 自発の意味のときは、心の作用を表す動詞に付くことが多い。

「案じる・思う・思い出す・感じる・しのぶ・反省する」など。

受け身	主語に当たるものが、ほかから動作・作用を受けるという意味。「〜ことをされる」	例 先生に注意される。先輩《せんぱい》から認められる。
可能	「〜することができる」という意味。	例 弟は朝早く起きられる。
自発	ある動作が「自然にそうなる」という意味。「自然に〜する」	例 昔のことが思い出される。春の到来《とうらい》が感じられる。
尊敬	動作・行為《こうい》をする人を敬うという意味。「〜なさる・お〜になる」	例 先生が旅行される。お客様が二人来られる。

テストの例題チェック

① 次の——線部の助動詞の意味を、それぞれ答えなさい。

(1) 先生が本を書かれる。 [尊敬]
(2) 僕《ぼく》はまだ食べられる。 [可能]
(3) 父の身が案じられる。 [自発]
(4) みんなに注目される。 [受け身]

② 次の——線部が助動詞ならば○、そうでなければ×と答えなさい。

(1) この靴《くつ》だと速く走れる。 [×]
(2) 雰囲気《ふんいき》に流される。 [○]
(3) お客様が帰られる。 [○]
(4) 谷川の水が流れる。 [×]

36 「せる」「させる」

テストでは
「せる」を活用語尾《ごび》に含《ふく》む動詞と識別させたり、接続を答えさせたりする問題が出る。正しく覚えておこう。

☑ 1 「せる」「させる」の活用

基本形	未然形	連用形	終止形	連体形	仮定形	命令形
せる	せ	せ	せる	せる	せれ	せろ せよ
させる	させ	させ	させる	させる	させれ	させろ させよ

ミス注意
【「来る」＋「させる」のときの読み方】
× き-させる
○ こ-させる
「き」は「来る」の連用形なので、間違《まちが》えないようにする。

☑ 2 「せる」「させる」の接続 出る

(1)「せる」は、五段・サ行変格活用の動詞の未然形に付く。
(2)「させる」は、上一段・下一段・カ行変格活用の動詞の未然形に付く。
(3)上一段活用の動詞と区別する。「着させる」は動詞＋助動詞「させる」、「着せる」は一語の動詞である。

例
子供に着させる。→○**着る**＋**させる**（上一段動詞／助動詞）
子供に着せる。→×**着る**＋**せる**

※「着る」は上一段活用なので、「せる」は接続しない。「見させる」と「見せる」なども同様。

3 「せる」「させる」の意味

(1) 使役《しえき》の意味を表す。…自分以外の人や物に動作・作用をさせるという意味を表す。

例 僕は 妹を 買い物に 行か**せる**。

主語

「僕《ぼく》」が妹に「行く」動作をさせる。

例 犬に えさを 食べ**させる**。

主語は省略されることもある。

犬に「食べる」意味を表す動作をさせる。

(2) 普通《ふつう》の文の主語が、使役の文では修飾語《しゅうしょく》になる。

例 **生徒が** 本を 読む。→先生が **生徒に** 本を 読ま**せる**。

主語　他動詞　修飾語

述語が他動詞のとき、「〜に」となる。

例 **友人が** 部屋に 入る。→私が **友人を** 部屋に 入ら**せる**。

主語　自動詞　修飾語

述語が自動詞のとき、「〜を」となる。

テストの例題チェック

① 次の（　）に、「せる・させる」を活用させて答えなさい。

(1) たくさん食べ［ させ ］た。
(2) もっと早く来［ させれ ］ばよかった。
(3) 先生が教科書を閉じ［ させる ］。
(4) 子供に歌を歌わ［ せ ］よう。

② 次の――線部が使役の助動詞ならば○、そうでなければ×と答えなさい。

(1) 弟に漢字を覚えさせる。［ ○ ］
(2) 友人に写真を見せる。［ × ］
(3) 兄に判断を任せる。［ × ］

37 「う」「よう」／「まい」

テストでは

それぞれの意味を識別させる問題がよく出る。文脈を正しくおさえて、どの意味か判断できるようにしよう。

1 「う」「よう」の活用・接続・意味

基本形	未然形	連用形	終止形	連体形	仮定形	命令形
う	○	○	う	（う）	○	○
よう	○	○	よう	（よう）	○	○

(1) 活用語の未然形に接続する。

「う」…五段活用の動詞、形容詞、形容動詞、一部の助動詞。
［ない・たい・だ・ようだ・そうだ・た(だ)・ます・です］

「よう」…上一段・下一段・カ変・サ変の動詞、一部の助動詞。
［れる・られる・せる・させる］

(2) 意味は**推量**・**意志**・**勧誘《かんゆう》**の三つである。

推量	ほかのことを推《お》し量る。	例 午後から雨だろ**う**。
意志	話し手の決意を示す。	例 私はもう帰ろ**う**。
勧誘	相手を誘《さそ》う。	例 一緒《いっしょ》に出かけ**よう**。

参考

【推量の「う」「よう」】

①形容詞・形容動詞に付いた「う」は、必ず推量。

②「たぶん～だろう」と言い換《か》えられる場合は、推量。

2 「まい」の活用・接続・意味

基本形	未然形	連用形	終止形	連体形	仮定形	命令形
まい	○	○	まい	（まい）	○	○

(1) 五段活用の動詞の終止形、上一段・下一段・カ行変格・サ行変格活用の動詞の未然形に接続する。 ※カ変・サ変の場合、終止形に接続することもある。

(2) 否定（打ち消し）の意味を含《ふく》む。

否定の推量	「～しないだろう」の意味。	例 今日は雨にはなるまい。
否定の意志	「～しないようにしよう」の意味。	例 僕《ぼく》はあの店へは行くまい。

テストの例題チェック

① 次の――線部の助動詞の意味を、それぞれ答えなさい。

(1) 冬はさぞ寒かろう。 ［推量］
(2) 僕から手紙を出そう。 ［意志］
(3) すぐに終わるだろう。 ［推量］
(4) 一緒に映画に行こう。 ［勧誘］

② 次の――線部が否定の推量ならば○、そうでなければ×と答えなさい。

(1) 私は弱音は吐《は》くまい。 ［×］
(2) 今からでは間に合うまい。 ［○］
(3) 彼女《かのじょ》には理解できまい。 ［○］
(4) 僕《ぼく》は彼《かれ》には頼《たの》むまい。 ［×］

38 「そうだ・そうです」「ようだ・ようです」「らしい」

テストでは
「そうだ・そうです」「ようだ・ようです」は複数の意味の識別、「らしい」はほかの品詞との識別が問われることが多い。

1 「そうだ」「ようだ」「らしい」の活用

基本形	未然形	連用形	終止形	連体形	仮定形	命令形
そうだ（伝聞）	○	そうで	そうだ	○	○	○
そうだ*（推定）	そうだろ	そうだっ そうで そうに	そうだ	そうな	そうなら	○
ようだ	ようだろ	ようだっ ようで ように	ようだ	ような	ようなら	○
らしい	○	らしかっ らしく	らしい	らしい	らしけれ	○

＊「推定」は「様態」ともいう。

2 「そうだ・そうです」「ようだ・ようです」「らしい」の接続

(1)「そうだ・そうです」…意味によって接続が異なる。
- 伝聞…活用語の終止形。
- 推定…動詞・一部の助動詞の連用形。形容詞・形容動詞の語幹。

ミス注意
【形容詞「〜らしい」に注意】
助動詞「らしい」は、接尾《せつび》語が付いてできた形容詞「〜らしい」と区別しよう。

例
- 子供らしい発想→形容詞の一部
- 作者はどうやら子供らしい→助動詞

(2)「ようだ・ようです」…用言・一部の助動詞の連体形、体言＋「の」、一部の連体詞
(3)「らしい」…体言、形容動詞の語幹、一部の助詞、動詞・形容詞・一部の助動詞の終止形。

3 「そうだ・そうです」「ようだ・ようです」「らしい」の意味 出る

そうだ	伝聞	例 雪が降るそうだ。
	推定	例 雪が降りそうだ。
らしい	推定	例 雪が降ったらしい。
ようだ	推定	例 雪が降ったようだ。
	比況《ひきょう》	例 海のように広い心だ。
	例示	例 草や木のようなもの。

「どうやら」を補えれば推定。
「まるで」を補えれば比況。
「例えば」を補えれば例示。

テストの例題チェック

① 次の――線部の「そうだ」が伝聞ならば○、推定ならば×と答えなさい。

(1) 姉は出かけるそうだ。 〔○〕
(2) これならできそうだ。 〔×〕
(3) 祖父は元気そうだ。 〔×〕
(4) 桜が満開だそうだ。 〔○〕

② 次の――線部が推定の意味の助動詞のものを、一つ選びなさい。

ア 祭りのようににぎわっている。
イ 手が冷えて氷のようだ。
ウ 日本人らしい特性が生きている。
エ あの二人は兄弟らしい。

〔エ〕

39 「ない」「ぬ(ん)」／「たい」「たがる」

テストでは
ほかの品詞と識別させたり、「たい・たがる」の用法の違《ちが》いを答えさせたりする問題が出る。接続や意味はしっかり覚えておこう。

1 「ない」「ぬ(ん)」の活用・接続・意味 出る

基本形	未然形	連用形	終止形	連体形	仮定形	命令形
ない	なかろ	なかっ なく	ない	ない	なけれ	○
ぬ(ん)	○	ず	ぬ(ん)	ぬ(ん)	ね	○

(1)ともに、動詞・一部の助動詞の未然形に接続する。
(2)ともに、否定(打ち消し)の意味である。
例 私以外は、だれも知ら**ない**。 例 知ら**ぬ(ん)**顔をする。
※「ない」には依頼《いらい》・勧誘《かんゆう》の意味もある。 例 説明してくれ**ない**か。(依頼)

2 「たい」「たがる」の活用・接続・意味

基本形	未然形	連用形	終止形	連体形	仮定形	命令形
たい	たかろ	たかっ たく	たい	たい	たけれ	○

たがる	たがら（たがろ）	たがり たがっ	たがる	たがる	たがれ	○

(1) ともに、動詞・一部の助動詞の連用形に接続する。

(2) ともに、希望の意味であるが、「たい」の主語は話し手、「たがる」の主語は話し手以外である。

たい	話し手自身の希望	例 僕《ぼく》は水が飲みたい。
たがる	話し手以外の人の希望	例 妹が水を飲みたがる。

ミス注意

【「冷たい」の「たい」は形容詞の一部】

① 「ます」に言い換《か》えられる→助動詞

例 言いたい→言います

② 「ます」に言い換えられない→形容詞の一部・動詞の一部

例 冷たい　眠《ねむ》たがる

テストの例題チェック

① 次の――線部の「ない・ぬ（ん）」の活用形を答えなさい。

(1) わからなかった。 ［連用形］

(2) 知らなければ困る。 ［仮定形］

(3) 言わねばならない。 ［仮定形］

(4) 読まぬはずはない。 ［連体形］

② 次の（　）に、「たい・たがる」を活用させて答えなさい。

(1) 勝ち［たけれ］ば、練習しろ。

(2) 母は僕に勉強をさせ［たがる］。

(3) 僕は弟にも見せ［たかっ］た。

(4) 兄は行き［たがら］なかった。

40 「た(だ)」／「だ・です」「ます」

テストでは

ほかの品詞と識別させたり、それぞれの意味を答えさせたりする問題が出る。それぞれの特徴《とくちょう》をしっかり覚えておこう。

1 「た(だ)」の活用・接続・意味

出る

基本形	未然形	連用形	終止形	連体形	仮定形	命令形
た	たろ	○	た	た	たら	○

※ガ・ナ・バ・マ行の音便形に付くときは、「だ」と濁音《だくおん》化する。

(1) 用言・一部の助動詞の連用形に接続する。

(2) 過去・完了《かんりょう》・存続・想起(確認)の四つの意味がある。

過去	「すでに～した」という意味。	存続	「ずっと～している」という意味。
完了	「ちょうど～した」という意味。	想起(確認)	「確か～だったか」という意味。

2 「だ・です」「ます」の活用・接続・意味

基本形	未然形	連用形	終止形	連体形	仮定形	命令形
だ	だろ	だっ で	だ	(な)	なら	○
です	でしょ	でし	です	(です)	○	○

参考

【「だ」の連用形】

「だ」の連用形「で」は、連用中止法*か、「ある」「ない」に続くときしか用いられない。

*例 あれが桜で、これが梅だ。

ます	ませ ましょ	まし	ます	ます	ますれ	ませ まし

(1)「だ・です」は、体言、一部の助詞、動詞・形容詞・一部の助動詞の終止形に付く。

（「だろう・でしょう」の形で接続。）

※「です」は、単独で形容詞の終止形に付く。例 これが欲《ほ》しいです。

(2)「ます」は、動詞・一部の助動詞の連用形に接続する。

(3)「だ・です」「ます」の意味は、少しずつ異なる。

だ	断定（「〜である」という意味。）
です	丁寧《ていねい》な断定（「だ」より丁寧な言い方。）
ます	丁寧（相手に対しての丁寧な言い方。）

テストの例題チェック

① 次の――線部の「た」の意味を、それぞれ答えなさい。

(1) 試合は明日だったね。〔想起（確認）〕

(2) たった今、帰宅した。〔完了〕

(3) 雨にぬれた道路。〔存続〕

(4) 今朝は六時に起きた。〔過去〕

② 次の□に合うように、「だ・です・ます」のどれかを活用させて答えなさい。

(1) 夜が明け[まし]た。

(2) 明日はきっと晴れる[でしょ]う。

(3) 叔父《おじ》は研究者[で]ある。

41 単語の識別(1)

テストでは
「ある」「ない」の品詞、「れる・られる」の意味はともにテストで出題されやすい。識別のしかたをしっかりマスターしよう。

1 「ある」の識別

動詞	「存在する」と言い換《か》えられる。	例 本がある。→本が**存在する**。
補助動詞	直前に「て(で)」がある。	例 黒板に書い**て**ある。
連体詞	「存在する」と言い換えられない。	例 ある日→×**存在する**日

2 「ない」の識別

助動詞	「ぬ」に言い換えられる。	例 旅行に行かない。→旅行に行か**ぬ**。
形容詞	「存在しない」と言い換えられる。	例 水がない。→水が**存在しない**。
補助形容詞	直前に「は・も」が補える。	例 休みは長くない。→休みは長く**は**ない。

3 助動詞「れる・られる」の意味の識別

受け身	「〜ことをされる」と言い換えられる。	例 先生に注意される。 →注意することをされる。
可能	「〜することができる」と言い換えられる。	例 早く起きられる。 →起きることができる。
自発	前に「自然に」を補える。	例 やさしさが感じられる。 →自然に感じられる。
尊敬	「〜なさる」「お〜になる」と言い換えられる。	例 先生に注意される。 →先生がお話しになる。

テストの例題チェック

① 次の——線部の品詞名を答えなさい。

(1) ある政治家が演説をした。　［連体詞］

(2) 軒先《のきさき》に風鈴《ふうりん》がつるしてある。　［(補助)動詞］

② 次の——線部が助動詞ならば○、補助形容詞ならば×と答えなさい。

(1) 渋滞《じゅうたい》で車が動かない。　［○］

(2) 値段は高くない。　［×］

(3) 考え方が具体的でない。　［×］

(4) いつもは怒《おこ》らない。　［○］

42 単語の識別(2)

テストでは
「だ」は、形容動詞の一部と助動詞との識別についてよく出題される。「が」は助詞の種類、「の」は働きについて問われる。

1 「だ」の識別

断定の助動詞	文節の前に連体修飾《しゅうしょく》語を補える。	例 彼《かれ》が先生だ。 →彼が**小学校の**先生だ。
「た」の濁音《だくおん》化	直前に動詞の音便《おんびん》形がある。	例 きれいに並**ん**だ本。
形容動詞の語尾《ごび》	文節の前に「とても」が補える。	例 今日は穏《おだ》やかだ。 →今日は**とても**穏やかだ。
助動詞の一部	直前に「よう・そう」がある。	例 雨になり**そう**だ。

2 助詞「が」の種類の識別

格助詞	体言・助詞に接続している。	例 **夏休み**が、二週間後に迫《せま》る。

接続助詞	活用語に接続している。	例 口は悪いが、気は優しい。

3 助詞「の」の働きの識別

部分の主語	「が」に言い換《か》えられる。	例 波の高い海。→波が高い海。
修飾語	体言に挟《はさ》まれている。	例 川のせせらぎ。（体言）
体言の代用	「こと・もの・のもの」と言い換えられる。	例 それは弟のだ。→弟のものだ。

テストの例題チェック

① 次の――線部が一単語ならば○、単語の一部ならば×と答えなさい。

(1) 今日も元気だ。 〔×〕
(2) 昼から暑くなりそうだ。 〔×〕
(3) 日本の国花は桜だ。 〔○〕
(4) 彼の仕事は丁寧《ていねい》だ。 〔×〕

② 次の――線部の助詞「が」の種類を答えなさい。

(1) 父の優しいところが、好きだ。 〔格助詞〕
(2) とても残念だが、しかたがない。 〔接続助詞〕

43 単語の識別(3)

テストでは

「で」「に」は、ともにいろいろな品詞があり、その識別について出題される。特に、形容動詞の一部の「で」「に」に注意しよう。

1 「で」の区別

助動詞「だ」の連用形	「〜だ。」で文を終えられる。「〜な＋名詞」の形にできない。	例 外は雨で|ある。→○外は雨**だ**。×雨**な**外。
格助詞	「〜だ。」で文を終えられない。「〜な＋名詞」の形にできない。	例 弟は川で|泳ぐ。→×弟は川**だ**。×川**な**弟。
形容動詞の語尾《ごび》	「〜な＋名詞」の形にできる。	例 彼《かれ》は健康で|ある。→○健康**な**彼。
「て」の濁音《だくおん》化	直前に動詞の音便《おんびん》形がある。	例 名前を**呼ん**で|みる。

※「て」は、接続助詞。動詞の音便形に続くと、「で」と濁音化する。

2 「に」の区別

格助詞	「〜だ。」で文を終えられない。「〜な＋名詞」の形にできない。	例 父は海に行く。→×父は海だ。×海な父。
形容動詞の語尾	「〜な＋名詞」の形にできる。	例 妹は静かに眠《ねむ》る。→○静かな妹。
助動詞の一部	直前に「よう・そう」がある。	例 綿のように柔《やわ》らかい。 例 楽しそうに話す。

※「に」には、ほかに「すでに・ついに」など副詞の一部もある。

テストの例題チェック

① 次の——線部の「で」の品詞名を答えなさい。

(1) 彼はレギュラーの選手ではない。　［助動詞］

(2) 私は図書室で勉強した。　［（格）助詞］

② 次の——線部が一単語ならば○、単語の一部ならば×と答えなさい。

(1) 部屋をきれいにする。　［×］

(2) 満足そうにほほえんだ。　［×］

(3) 便利で使いやすい。　［×］

(4) これが貝の化石である。　［○］

44 単語の識別(4)

テストでは

助動詞の意味の識別問題がよく出るが、「ようだ」「そうだ」は、特に出題されやすい。また、助詞「から」の種類にも注意しよう。

1 助動詞「ようだ」の意味の区別

例示	文節の前に「例えば」を補える。	例 彼《かれ》のように強い人はいない。 →**例えば**彼のように強い人はいない。
推定	「らしい」と言い換《か》えられる。	例 読めないようだ。 →読めない**らしい**。
比《ひ》況《きょう》（たとえ）	文節の前に「まるで」を補える。	例 氷のように冷たい。 →**まるで**氷のように冷たい。

2 助動詞「そうだ」の意味の区別

伝聞	活用語の終止形に接続する。	例 法律が**変わる**（終止形）そうだ。
推定（様態）	活用語の終止形以外に接続する。	例 天気が**変わり**（連用形）そうだ。

3 「らしい」の区別

助動詞	文節の前に「どうやら」が補える。	例 彼はどうやら転校生らしい。
形容詞の一部	文節の前に「いかにも」が補える。	例 いかにも先生らしい言い方だ。

4 助詞「から」の種類の区別

格助詞	体言か助詞に接続する。	例 アメリカから帰国する。
接続助詞	活用語に接続する。	例 寒いから厚着をする。

テストの例題チェック

① 次の——線部の助動詞「ようだ」の意味を答えなさい。

(1) その輝《かがや》きは、宝石のようだ。［比況］

(2) 私の考えとは違《ちが》うようだ。［推定］

② 次の——線部の助詞「から」の種類を答えなさい。

(1) 故郷から、大きな荷物が届く。［格助詞］

(2) 話が長いから、眠《ねむ》くなった。［接続助詞］

45 漢字の成り立ち／部首

テストでは
漢字の成り立ちについて選択《せんたく》する問題や、行書で書かれた複数の漢字に共通する部首名を答える問題などがよく出る。

1 漢字の成り立ち

分類	名称	説明	例
成り立ちによる分類	象形文字	物の形をかたどって表したもの。	山・川・日・月・魚・手
成り立ちによる分類	指事文字	絵や形では表せない抽象《ちゅうしょう》的な事柄《ことがら》を、点や線を用いて表したもの。	一・二・上・下・本・末
成り立ちによる分類	会意文字	二つ以上の既成《きせい》の漢字を組み合わせて、一つの漢字として新しい意味を表したもの。	男（田＋力）・明（日＋月） 鳴（口＋鳥）
成り立ちによる分類	形声文字	意味と音を表す要素を組み合わせて、一つの漢字として新しい意味を表したもの。	洋＝氵（意味）＋羊（音） 草＝艹（意味）＋早（音）
使い方による分類	転注文字	文字の元の意味をそれと関連するほかの意味に広げて用いるもの。	
使い方による分類	仮借《かしゃ》文字	元の意味とは関係なく、音だけ借りてほかの意味を表すもの。	

2 部首

(1) 部首の種類

①へん ◧ …漢字の左側の部分。 例 言（ごんべん）・阝（こざとへん）

② つくり …漢字の右側の部分。例 阝(おおざと)・頁(おおがい)

③ かんむり …漢字の上の部分。例 宀(うかんむり)・冖(わかんむり)

④ あし …漢字の下の部分。例 灬(れんが・れっか)・皿(さら)

⑤ たれ …漢字の上から左下に垂れる部分。例 广(まだれ)・厂(がんだれ)

⑥ にょう …漢字の左から下にかけて付く部分。例 辶(しんにょう・しんにゅう)
廴(えんにょう) 走(そうにょう)

⑦ かまえ …漢字の周りを囲んでいる部分。例 囗(くにがまえ)
門(もんがまえ)・行(ぎょうがまえ・ゆきがまえ)

(2) 部首の形…部首の中には、使われる場所によって違《ちが》う形になるものがある。

例 ●火(ひ)…灬(れんが・れっか) ●刀(かたな)…刂(りっとう)
●心(こころ)…忄(りっしんべん)・⺗(したごころ)

テストの例題チェック

① 次の漢字の中から、形声文字を選び、記号で答えなさい。

(1) ア 障 イ 手 ウ 森 [ア]
(2) ア 馬 イ 加 ウ 破 [ウ]
(3) ア 男 イ 略 ウ 中 [イ]

② 次の漢字の部首名を、平仮名《ひらがな》で書きなさい。

(1) 秘 [のぎへん]
(2) 雑 [ふるとり]
(3) 起 [そうにょう]

46 画数・筆順

テストでは
行書で書かれた漢字の画数や筆順が問われることがある。画数を間違《まちが》えやすい部首や漢字、筆順の原則を押さえておこう。

1 画数

(1) 漢字を書くときに、ひと続きに書く線や点を画《かく》という。画数を数えるときは折れる線や曲がる線などでも、ひと続きに書く線はすべて一画と数える。一つの漢字に使われている画の総数を画数（総画）という。

(2) 画数を間違えやすい画をもつ字には、注意する必要がある。（赤で示した画は一画で書く。）

例 乙（一画） 九（二画） 口（三画） 及（三画） 片（四画）
比（四画） 皮（五画） 糸（六画） 近（七画） 防（七画）
身（七画） 改（七画） 延（八画） 発（九画） 歯（十二画）

※（　）内の漢数字は総画数を表す。

2 筆順

(1) 筆順の二大原則…上から下へ（例 一 二 三）、左から右へ（例 丿 川 川）

(2) その他の主な筆順の原則

● 縦画と横画が交わるときは、横画が先（例 一 十 土）

●中と左右に分かれるときは、中が先（例 亅小小）
●外側に囲みがあるときは、外側が先（例 冂同）
●左払《ひだりばら》いと横画が交わるとき、
　1 左払いが短い字は、左払いが先（例 ノナ右）
　2 左払いが長い字は、横画が先（例 一ナ左）
●全体を貫《つらぬ》く縦画や横画があるとき、貫く画は最後（例 口中）

(3) 原則から外れる筆順

●縦画と横画が交わるときは、縦画が先（例 丅干王）
●中と左右に分かれるときは、左右が先（例 丶丷火）
●外側に囲みがあるときは、外側の一部があと（例 一㐅区）

テストの例題チェック

① 次の漢字のうち、画数がほかと異なるものはどれか。記号で答えなさい。

(1) ア 収　イ 出　ウ 冊　［ア］
(2) ア 図　イ 始　ウ 局　［イ］
(3) ア 貿　イ 極　ウ 確　［ウ］

② 次の漢字を楷書《かいしょ》で書くとき、赤い部分は何画目になるか。算用数字で答えなさい。

(1) 集［5］画目　(2) 飛［4］画目

47 音と訓／送り仮名《がな》

テストでは
音読み・訓読み、同音異義語・同訓異字などの問いでは、送り仮名《がな》を含《ふく》めて漢字を書く問題が出題される場合がある。

1 音と訓

(1) 漢字の音読み…漢字が中国から伝わったときの、中国の発音を元にした読み方を**音読み**という。いつ、中国のどの地方から伝わったかで、呉音《ごおん》・漢音《かんおん》・唐音《とうおん》の三種類の読み方に分けられる。呉音・漢音・唐音以外で日本で一般《いっぱん》に通用している読み方を慣用音という。

(2) 漢字の訓読み…漢字のもっている意味に対応する日本語の言葉を当てはめた読み方のことを、**訓読み**という。日本語の読み方なので、読むだけで意味を理解できる。

行	
音読み	ギョウ…呉音 例 行事《ぎょうじ》 コウ…漢音 例 行動《こうどう》 アン…唐音 例 行脚《あんぎゃ》
訓読み	い（く） ゆ（く） おこな（う）

分	
音読み	ブン・フン…呉音 フン…漢音 例 分別《ふんべつ》 ブ…慣用音 例 五分《ごぶ》五分《ごぶ》
訓読み	わ（ける） わ（かれる） わ（かる） わ（かつ）

2 送り仮名

(1) 活用のある語の送り仮名の主なきまり

①動詞…原則、活用語尾《ごび》から送る。例 書か|（ない）・書き|（ます）・書け|（ば）・書こ|（う）

②形容詞…原則、活用語尾から送る。例 赤かろ（う）・赤かっ（た）・赤い・赤けれ（ば）

※例外、語幹が「し」で終わるものは、「し」から送る。例 美しい・楽しい・等しい

③形容動詞…原則、活用語尾から送る。例 立派だっ（た）・立派だっ（た）・立派なら（ば）

※例外、活用語尾の前に「か」「やか」「らか」を含《ふく》むものは、その部分から送る。

例 暖かだ・静かだ・健やかだ・穏《おだ》やかだ・明らかだ・清らかだ

(2) 活用のない語の送り仮名の主なきまり

①名詞…原則、送り仮名を付けない。例 山・川・海・星・頂・堤《つつみ》・寿《ことぶき》

※例外、活用のある語から転じた名詞と、活用のある語に「さ」「み」「げ」などの接尾語が付いて名詞になったものは、元の送り仮名の付け方によって送る。

例 答え・動き・願い・祭り・暑さ・弱み・惜《お》しげ

②副詞・連体詞・接続詞…原則、最後の音節を送る。例 必ず（副詞）・来《きた》る（連体詞）

※例外、直《ただ》ちに（副詞）、大きな（連体詞）

テストの例題チェック

① 次の——線部の読みを、平仮名で書きなさい。

(1) 重責がかかる。 ［じゅう］
(2) 流行に便乗する。 ［びん］
(3) 信仰心がある。 ［こう］
(4) 町が復興する。 ［こう］

② 次の——線部を、漢字と送り仮名で書きなさい。

(1) 色があざやかだ。 ［鮮やか］
(2) こころよい空気。 ［快い］
(3) いさぎよい性格。 ［潔い］

48 同訓異字／同音異義語

テストでは

同訓異字・同音異義語の中から正しい漢字を選択《せんたく》する問いは頻出《ひんしゅつ》。意味の違《ちが》いをおさえ、適切な漢字で書けるようにしておこう。

1 同訓異字

◎異なる漢字だが、同じ訓読みをするもののことを、同訓異字という。読み方は同じでも意味は異なるので、使い分ける必要がある。

例

おく（る）	書類を送る。 お祝いの花を贈る。
かえり（みる）	一年間を顧みる。 失敗を省みる。
こ（える）	境界を越える。 千人を超える。
すす（める）	作業を進める。 入会を勧める。 この作品を薦める。
おさ（める）	成功を収める。 税金を納める。 学問を修める。 国家を治める。
はか（る）	問題の解決を図る。 時間を計る。 距離《きょり》や面積を測る。 重さを量る。 悪事を謀る。 企画を会議に諮る。

2 同音異義語

◎異なる表記の熟語だが、同じ音読みをするもののことを同音異義語という。意味は異なるので、その漢字の訓読みや、その漢字を含《ふく》むほかの熟語から、意味を見分ける必要がある。

例

コウエン	劇団が公演を行う。 教授の講演を聞く。
シンニュウ	部屋に虫が侵入する。 船に水が浸入する。 自動車が進入する。
カンキ	目標の達成に歓喜する。 注意を喚起する。 部屋を換気する。
ソガイ	成長を阻害する。 集団から疎外される。
カクシン	事件の核心に迫る。 勝利を確信する。 革新的な発明。
セイサイ	動きに精彩を欠く。 違反《いはん》者に制裁を加える。 風景を精細に描写《びょうしゃ》する。

テストの例題チェック

●次の文の――線部の言葉を、同訓異字や同音異義語に注意して漢字に直しなさい。

(1) 期限を翌日までノばす。〔延〕
(2) 主演をツトめる。〔務〕
(3) 舞台《ぶたい》に姿をアラワす。〔現〕
(4) 緊張《きんちょう》で表情がカタい。〔硬〕
(5) 珍《めずら》しい植物をカンショウする。〔観賞〕
(6) 新製品のフキュウ活動。〔普及〕
(7) 山本《やまもと》さんの意見をシジする。〔支持〕
(8) イギのある議論だ。〔意義〕

49 熟語の構成／熟語の読み方

テストでは

二字熟語の構成を問われることが多いので、基本的な構成を覚える必要がある。三字熟語、四字熟語は二字熟語の構成を応用して考える。

1 熟語の構成

(1) 二字熟語の構成

①意味が似ている漢字を重ねた構成（例 善良・増加・温暖・永久・悲哀《ひあい》・合併《がっぺい》）

②意味が反対や対《つい》になる漢字を重ねた構成（例 寒暖・難易《なんい》・功罪・緩急《かんきゅう》・真偽《しんぎ》）

③上の漢字が主語で、下の漢字が述語になる構成（例 年少・公営・雷鳴《らいめい》・日没）

④上の漢字が下の漢字を修飾《しゅうしょく》する構成（例 永住・悲劇・新居・左折・猛暑《もうしょ》）

⑤下の漢字が上の漢字の動作の目的や対象になる構成（例 読書・失望・敬老・着席）

(2) 三字熟語の構成…「一字＋二字」「二字＋一字」「一字＋一字＋一字」のどれかになる。

①上が下を修飾する構成（例 高確率・紙芝居《しばい》・初心者・投票率）

②二字熟語に接頭語か接尾《せつび》語が付く構成（例 不可能・未完成・客観性・合理化）

③三字が対等な関係で並んでいる構成（例 市町村・心技体・真善美）

(3) 四字熟語の構成…①一字の漢字を対等に並べた構成（例 東西南北）

②二字熟語を組み合わせた構成

例 晴耕雨読↓ 晴耕＋雨読（意味が反対や対になる二字熟語を重ねた構成）

2 熟語の読み方

(1) 二字以上の熟語は、音や訓を組み合わせて読む。

- ●音＋音 例 声楽（セイガク）・高原（コウゲン）・間接（カンセツ）
- ●訓＋訓 例 大声（おおごえ）・野原（のはら）・居間（いま）
- ●音＋訓（重箱《じゅうばこ》読み） 例 両手（リョウて）・客間（キャクま）・額縁（ガクぶち）
- ●訓＋音（湯桶《ゆとう》読み） 例 古本（ふるホン）・大勢（おおゼイ）・横軸（よこジク）

(2) 熟字訓…漢字を一字ごとに音や訓で読むのではなく、語全体を一つのまとまりとして、特別な読み方をするもののことを、**熟字訓**という。

例 明日《あす》・小豆《あずき》・田舎《いなか》・大人《おとな》・母《かあ》さん・固唾《かたず》・河原《かわら》・今朝《けさ》・景色《けしき》・五月雨《さみだれ》・時雨《しぐれ》・上手《じょうず》・素人《しろうと》・山車《だし》・足袋《たび》・手伝《てつだ》う・父《とう》さん・時計《とけい》・名残《なごり》・二十日《はつか》・吹雪《ふぶき》・真面目《まじめ》・真《ま》っ赤《か》・真《ま》っ青《さお》・土産《みやげ》・眼鏡《めがね》・紅葉《もみじ》・最寄《もよ》り・八百屋《やおや》・行方《ゆくえ》

テストの例題チェック

① (1)「優秀《ゆうしゅう》」、(2)「最善」、(3)「着席」と同じ構成の二字熟語はどれか。記号で答えなさい。

(1) ア 携帯《けいたい》 イ 加減 ウ 挑戦《ちょうせん》 ［ア］

(2) ア 閉会 イ 市立 ウ 予言 ［ウ］

(3) ア 納税 イ 短所 ウ 人造 ［ア］

② 次の三つの熟語から、(1)重箱読み、(2)湯桶読みの熟語を一つずつ選び、記号で答えなさい。

ア 絵本 イ 本音 ウ 夕刊 ［(1)イ (2)ウ］

③ 次の熟字訓の読み方を答えなさい。

(1) 昨日 (2) 清水 ［(1)きのう (2)しみず］

50 類義語・対義語・多義語

テストでは

ある語の類義語・対義語を選択《せんたく》して答える問題がよく出る。対義語では、二字熟語の中の一字を書いて答える形式の問題も多い。

1 類義語

◎互《たが》いに意味がほぼ同じだったり、似ていたりする言葉のことを類義語という。

- ①基準＝標準
- ②原料＝材料
- ③創立＝設立
- ④有名＝著名
- ⑤応接＝応対
- ⑥帰郷＝帰省
- ⑦空想＝想像
- ⑧羅列《られつ》＝列挙
- ⑨発達＝進歩
- ⑩親切＝厚意
- ⑪明朗＝快活
- ⑫便利＝重宝
- ⑬名誉《めいよ》＝栄光
- ⑭世論＝民意
- ⑮無視＝黙殺《もくさつ》
- ⑯用心＝警戒《けいかい》
- ⑰細心＝綿密
- ⑱守備＝防御《ぼうぎょ》

参考 ①〜⑧は一字が共通、⑨〜⑱は二字とも違《ちが》うもの。

2 対義語

◎互いに意味が反対だったり、対《つい》になっていたりする言葉のことを対義語という。

- ①悲観↔楽観
- ②逆境↔順境
- ③敏感《びんかん》↔鈍感《どんかん》
- ④終盤《しゅうばん》↔序盤
- ⑤潜在《せんざい》↔顕在《けんざい》
- ⑥与党《よとう》↔野党
- ⑦増進↔減退
- ⑧優良↔劣悪
- ⑨軽薄《けいはく》↔重厚《じゅうこう》

⑩強硬《きょうこう》↔軟弱《なんじゃく》　⑪閉鎖《へいさ》↔開放　⑫拡大↔縮小
⑬個人↔団体　⑭親切↔冷淡《れいたん》　⑮混乱↔秩序《ちつじょ》
⑯感情↔理性　⑰不和↔円満　⑱生産↔消費
⑲便利↔不便　⑳幸運↔不運　㉑有効↔無効

参考　①～⑥は一字が対立、⑦～⑫は二字がそれぞれ対立、⑬～⑱は全体で対立、⑲～㉑は否定の接頭語が付いたもの。

3　多義語

◎二つ以上の意味をもつ言葉のことを多義語といい、いろいろな品詞の言葉がある。

例

当たる	①ぶつかる（例 ボールが当たる。）	②体に受ける（例 風に当たる。）
	③調べる（例 辞書に当たる。）	④的中する（例 宝くじが当たる）

テストの例題チェック

①　(1)「委細」、(2)「風潮」、(3)「知己《ちき》」の類義語を次の中から一つずつ選び、記号で答えなさい。

(1)　ア　微細《びさい》　イ　詳細《しょうさい》　ウ　繊細《せんさい》〔イ〕
(2)　ア　体制　イ　需要《じゅよう》　ウ　傾向《けいこう》〔ウ〕
(3)　ア　知識　イ　親友　ウ　自己〔イ〕

②　次の言葉の対義語になるように、〔　〕に合う漢字を書きなさい。

(1)　主食↔〔副〕食　(2)　冷遇《れいぐう》↔〔優〕遇
(3)　短縮↔〔延〕長　(4)　決定↔〔未〕定
(5)　権利↔〔義〕務　(5)　革新↔〔保〕守

51 慣用句・ことわざ・四字熟語・故事成語

テストでは
正しい意味を選択《せんたく》する問題や空欄《くうらん》補《ほ》充《じゅう》の形式で問われやすい。文中で正しく用いられているかどうかを判断する問題も出る。

1 慣用句

●全体で特別な意味を表す言い回し。人体や、動植物、衣食住に関係したものが多い。

①	足が出る	予算や収入よりも出費が多くなる。
②	目に余る	とてもひどくて、だまって見ていられない。
③	眉《まゆ》をひそめる	他人の不愉快《ふゆかい》な行為に対して、いやな顔をする。
④	さばを読む	自分にとって都合がいいように、数をごまかす。
⑤	虫が知らせる	何となく悪いことが起こりそうな予感がする。
⑥	襟《えり》を正す	見た目を整える。気持ちを引き締《し》める。

2 ことわざ

●教えや戒《いまし》め、教訓を含《ふく》むひと続きの言葉。似た意味・反対の意味をもつことわざがある。

①	石橋をたたいて渡《わた》る	物事をとても用心深く行うこと。	反対の意味のことわざ…危ない橋を渡《わた》る
②	紺屋《こうや》の白袴《しろばかま》	他人の世話で忙《いそが》しくしていて、自分のことをしている時間がないこと。	似た意味のことわざ…医者の不養生

3　四字熟語

①一喜一憂《いっきいちゆう》…状況《じょうきょう》が変化するたびに、喜んだり心配したりすること。

②千載一遇《せんざいいちぐう》…千年に一度しかめぐりあえないようなめったにないこと。

③単刀直入《たんとうちょくにゅう》…前置きのないまま、いきなり話の中心に入ること。

④付和雷同《ふわらいどう》…明確な自分の考えがなく、むやみに他者に従うこと。

4　故事成語

●主に、中国に昔から伝わる、いわれのある事柄《ことがら》（故事）からできた言葉。

①四面楚歌《しめんそか》…周りが敵や対立する者ばかりで味方がいないこと。

②守株《しゅしゅ》…いつまでも古い慣習にとらわれていて、進歩がないこと。

③逆鱗《げきりん》に触《ふ》れる…目上の人を、ひどく怒《おこ》らせること。

テストの例題チェック

①下の意味の慣用句になるように、［　］に人体に関する漢字一字を書きなさい。

(1)［鼻］に付く…飽《あ》きて嫌《いや》になる。

(2)［耳］をそろえる…金額の不足がない。

(3)［足］元を見る…人の弱みにつけこむ。

②次のことわざと似た意味のことわざは何か。［　］に合う言葉を書きなさい。

(1)思い立ったが吉日《きちじつ》＝［善］は急げ

(2)寝耳《ねみみ》に水＝やぶから［棒］

(3)雨垂《あまだ》れ石をうがつ＝石の上にも［三］年

52 敬語の種類・丁寧語《ていねい》

テストでは
敬語の三つの種類を識別させる問題がよく出る。また、文末を、丁寧語《ていねい》を使って書き換《か》える問題も出る。

1 敬語の性質

◎相手や話題の人に対する敬意や丁寧な気持ち表す。

例 監督《かんとく》が自分の経験を**語られる**。 敬語
「監督」に対する敬意を表す。

ミス注意
【敬語と敬意を表す対象】
敬語の種類は、誰《だれ》に対する敬意を表すかで分類できる。
①丁寧語→聞き手（読み手）
②尊敬語→動作をする人（動作主）
③謙譲《けんじょう》語→動作の受け手

2 敬語の種類 出る

(1) 丁寧語…話し手（書き手）が丁寧な言い方で言うことで、話の聞き手（読み手）に対する敬意を表す言い方。

例 祖母は、よく僕《ぼく》にお菓子《かし》をくれ**ます**。 丁寧語
聞き手に対する敬意を表す。

(2) 尊敬語…動作をする人に対する敬意を表す言い方。

例 隣《となり》のおばさんが、僕にお菓子を**くださる**。 尊敬語
「隣のおばさん」に対する敬意を表す。

参考
【補助動詞の「ございます」】
「ございます」は、「て（で）」などの下につく形で補助動詞として使われることも多い。
例 もう結構でございます。

(3) 謙譲語：動作の受け手に対する敬意を表す言い方。

例 僕は、隣のおばさんからお菓子をいただく。 謙譲語

「隣のおばさん」に対する敬意を表す。

3 丁寧語の種類 出る

(1)「です」「ます」を使った表現。

例 僕は中学生です。 丁寧語

例 僕がやります。 丁寧語

(2)「ございます」を使った表現。

例 ここにいすがございます。 丁寧語

テストの例題チェック

① 次の――線部の敬語の種類を答えなさい。

(1) こちらには何もございません。 [丁寧語]

(2) 校長先生がお話しになる。 [尊敬語]

② 次の――線部を、「です」「ます」を使って書き換《か》えなさい。

(1) わたしが写真を撮《と》った。 [撮りました]

(2) わたしの兄は高校生だ。 [高校生です]

53 尊敬語

テストでは
尊敬語の使い方が正しいかどうかを見分ける問題がよく出る。また、尊敬語を使った表現に書き換《か》える問題も出る。

1 尊敬語の性質

◎目上の人などの動作や様子を高めて言うことで、動作をする人への敬意を表す。

例 先生が僕に手紙を**くださる**。（尊敬語）
→動作をする人「先生」に対する敬意を表す。

2 尊敬語の種類 出る

(1) 特別な形の尊敬語。

例	特別な形の尊敬語
行く・来る・いる	いらっしゃる
言う・話す	おっしゃる
食べる・飲む	召《め》し上がる
見る	ご覧になる
くれる	くださる
する	なさる

(2)「お(ご)〜になる」を使った表現。

ミス注意
【身内の者に尊敬語は使わない】

尊敬語は、動作をする人に敬意を表す言い方だが、自分や身内の者の動作には、使ってはいけない。

例 ×父は、外出なさいました。

父は身内の者なので、この文は正しくない。

例 先生が**お書きになる**。（尊敬語）

例 先生が**ご記入になる**。（尊敬語）

(3) 助動詞「れる・られる」を使った表現。

例 先生が書か**れる**。（尊敬語／助動詞）

例 先生が述べ**られる**。（尊敬語／助動詞）

※「れる」は五段・サ変の動詞に、「られる」は上一段・下一段・カ変の動詞に付く。

(4) 尊敬の意味のある接頭語・接尾語《せつび》を付けた表現。

例 **ご**立派な（尊敬語／接頭語）**お**宅（尊敬語／接頭語）ですね。

例 山田**さん**（尊敬語／接尾語）の店に**お**客**様**（尊敬語／接頭語・接尾語）がいらっしゃる。

参考

【「お茶」「ご飯」も敬語の一種】

「お茶」や「ご飯」などのように、相手を敬う意味のない、接頭語が付いた敬語がある。これは丁寧語に含《ふく》まれることもあるが、「美化語」ともよばれる。

テストの例題チェック

① 次の――線部を、特別な形の尊敬語に書き換《か》えなさい。

(1) お客様がケーキを食べる。［召し上がる］

(2) 先生が注意事項《じこう》を言う。［おっしゃる］

② ――線部の尊敬語が正しく使われている文に、○を付けなさい。

(1) 恩師が心配なさる。［○］

(2) 父が先生におっしゃった。［　］

(3) 私が本を読まれる。［　］

(4) お客様がお待ちになる。［○］

54 謙譲語《けんじょう》

テストでは
謙譲語《けんじょう》の使い方が正しいかどうかを見分ける問題がよく出る。また、謙譲語を使った表現に書き換《か》える問題も出る。

1 謙譲語の性質

◎話し手（書き手）が、自分や自分の身内をへりくだって言うことで、動作の受け手への敬意を表す。

例 僕《ぼく》は先生に絵を**差し上げる**。 謙譲語

→動作をする人「僕」の行動をへりくだることで、動作の受け手「先生」に対する敬意を表す。

参考
【複数の敬語を使った文もある】
丁寧語《ていねい》・尊敬語・謙譲語は、同時に使われることも多い。

例 先生が執筆《しっぴつ》された本を、いただきました。
（執筆された→尊敬語　いただきました→謙譲語＋丁寧語）

2 謙譲語の種類 出る

(1) 特別な形の謙譲語。

例	特別な形の謙譲語	例	特別な形の謙譲語	例	特別な形の謙譲語
行く・来る	参る・伺《うかが》う	見る	拝見する	聞く	伺う・承る・拝聴する
言う・話す	申す・申し上げる	やる	差し上げる	思う・知る	存じる
食べる・飲む・もらう	いただく・頂戴する	する	いたす	会う	お目にかかる

(2)「お(ご)〜する」を使った表現。

例 私がここで先生を**お**待ち**する**。（謙譲語）
動作の受け手「先生」に敬意を表す。

※「お（ご）〜いたします」を使うこともある。

例 私からお客様に**ご**説明**いたします**。（謙譲語）
動作の受け手「お客様」に敬意を表す。

(3)謙譲の意味のある接頭語・接尾語《せつび》を付けた表現。

例 **弊**社《へいしゃ》から**粗**品《そしな》をお渡しする。（謙譲語 接頭語／謙譲語 接頭語）

例 私**ども**の**拙**宅《せったく》にお泊まりください。（謙譲語 接尾語／謙譲語 接頭語）

くわしく

【謙譲語と尊敬語】
謙譲語の「お(ご)〜する」と、尊敬語の「お(ご)〜になる」は、形が似ているので、しっかり区別しよう。
例 僕がお待ちする。↓謙譲語
例 先生がお待ちになる。↓尊敬語

テストの例題チェック

① 次の——線部を、特別な形の謙譲語に書き換《か》えなさい。
(1) 先生から話を聞く。 ［ 伺う ］
(2) 先生の絵を見る。 ［ 拝見する ］

② ——線部の謙譲語が正しく使われている文に、○を付けなさい。
(1) 先生が父に申し上げた。 ［ ］
(2) 僕が荷物をお持ちする。 ［ ○ ］
(3) お客様がご注文する。 ［ ］

55 歴史的仮《か》名《な》遣《づか》い

テストでは 歴史的仮名遣いを現代仮名遣いに書き換える記述式の問題が多い。

1 歴史的仮名遣いとは

◎現在使われている現代仮名遣いに対して、古文で使われている仮名遣いのこと。

2 歴史的仮名遣いの読み方の原則

語頭以外の「は・ひ・ふ・へ・ほ」 → 「わ・い・う・え・お」と読む。	例 おはす→おわす　とひ（問い）→とい いふ（言う）→いう　かへす（返す）→かえす おほし（多し）→おおし
「ゐ・ゑ・を」 → 「い・え・お」と読む。	例 ゐる→いる こゑ→こえ をとこ→おとこ
「ぢ・づ」 → 「じ・ず」と読む。	例 なんぢ→なんじ めづらし→めずらし

「くわ・ぐわ」→「か・が」と読む。	例 くわし（菓子《かし》）→かし　ぐわんじつ（元日）→がんじつ
語中の「au・iu・eu・ou」→「ô・yû・yô・ô」と読む。	例 まうす《mau》(申す)→もうす《mô》　ちうや《tiu》(昼夜)→ちゅうや《tyû》　れうり《reu》（料理）→りょうり《ryô》　おうず《ou》（応ず）→おうず《ô》
エ段の音のあとに「ふ」が続くときは、二段階で直す。	例 てふ→てう《teu》→ちょう《tyô》　けふ→けう《keu》→きょう《kyô》

テストの例題チェック

① 次の――線部を現代仮名遣いに改めて、すべて平仮名で答えなさい。

(1) 天人のよそほひしたる女　［よそおい］

(2) 神へまゐるこそ本意《ほい》なれ　［まいる］

(3) やうやう白くなりゆく　［ようよう］

(4) をかしげなる指《および》　［おかしげなる］

② 次の言葉の読み方を現代仮名遣いで書くと、どれが正しいか。記号で答えなさい。

(1) きふ（急）　［ア］
ア きゅう　イ きう　ウ きょう

(2) てうし（調子）　［イ］
ア とうし　イ ちょうし　ウ ちゅうし

56 竹取物語《たけとりものがたり》

テストでは
『竹取物語』は日本最古の物語として有名。『源氏物語』で「物語の出《い》で来《き》はじめの祖《おや》」と紹介されていることも、知識としておさえておこう。

1 作品の基礎《きそ》知識

・**成立**…平安時代初期
・**ジャンル**…物語
・**作者**…不明

2 あらすじ

・かぐや姫《ひめ》**の発見と成長**…竹取《たけとり》の翁《おきな》が、竹の中で三寸ほどの人を見つける。三か月ほどで一人前の娘《むすめ》になり、「なよ竹のかぐや姫」と名付けられる。

↓

・**かぐや姫への求婚《きゅうこん》**…かぐや姫は多くの男性に求婚される。特に熱心だった五人の貴公子に無理難題を突《つ》きつけて結婚の条件とするが、全員失敗に終わる。かぐや姫は帝《みかど》の呼び寄せにも応じなかった。

↓

・**かぐや姫の告白**…かぐや姫は翁に、自分は月の都の者で、まもなく迎《むか》えが来ることを告げる。

↓

・**かぐや姫との別れ**…帝は翁の家に二千人の兵士を派遣《はけん》したが、天人たちの姿を見て、兵士たちは戦意を失ってしまった。かぐや姫は帝に手紙と不死の薬を残した。そして、着ると地上の人間としての感情がなくなるという**天《あま》の羽衣《はごろも》**を着て、月の世界へ昇《のぼ》っていった。

・**かぐや姫を失った悲しみ**…帝は、多くの兵士を天に近い山に登らせ、手紙と不死の薬を頂上で焼かせた。（その山を「士《つわもの》に富む山」ということから、「**富士山**」と名付けた。）

テストの例題チェック

中将取りつれば、ふと天の羽衣うち着せたてまつれば、翁を、「いとほし、かなし。」とおぼしつることも失《う》せぬ。この衣《きぬ》着つる人は物思ひなくなりにければ、車に乗りて、百人ばかり天人具して、登りぬ。そののち、翁・嫗《おうな》、血の涙《なみだ》を流して惑《まど》へど、かひなし。

（「竹取物語」より）

(1) かぐや姫は最後にどうなったか。次の文の空欄《くうらん》に合う言葉を文章中から二字で抜《ぬ》き出しなさい。

百人ほどの□を連れて、月へ昇ってしまった。

［ 天人 ］

(2) ――線部「かひなし」とあるが、なぜか。次から一つ選び、記号で答えなさい。

ア 血が出ても、不死の薬を飲めばよいから。

イ かぐや姫が人間としての感情を失って、月へ昇ってしまったから。

ウ かぐや姫がいなくなり、存在していたことも忘れてしまったから。

［ イ ］

解説

(1)「翁を……失せぬ。この衣着つる人は……天人具して、登りぬ」の部分に、かぐや姫の最後の様子が描《えが》かれている。

(2)「かひなし」とは、「どうにもしかたがない」という意味。

57 枕草子《まくらのそうし》

テストでは
古典における「三大随筆《ずいひつ》」の一つ。「春はあけぼの」で始まる、第一段の文章が名高い。ほかに、「雪のいと高う降りたるを」「うつくしきもの」も有名だ。

1 作品の基礎《きそ》知識

・**成立**…平安《へいあん》時代中期
・**ジャンル**…随筆
・**作者**…清少納言《せいしょうなごん》

2 内容・特徴《とくちょう》

・中宮定子《ちゅうぐうていし》に仕えていた清少納言が、女房《にょうぼう》としての立場から記した作品。宮廷《きゅうてい》生活での体験・見聞・感想などが約三百段の文章で記されている。
・清少納言の観察力の鋭《するど》さを感じさせる作品。自然を細やかに描《えが》いたものが多い。物事を知的かつ客観的にとらえており、「をかしの文学」とよばれる。

3 作品解説

・**「春はあけぼの。やうやう白くなりゆく山ぎは、すこしあかりて、紫《むらさき》だちたる雲のほそくたなびきたる。」**…春は明け方（がよい）。だんだん白くなっていく山ぎわが、少し明るくなって、紫がかった雲が細くたなびいている（のは趣がある）。
↓春の明け方の美しさを描いている。「山ぎは」は「空の、山に接する部分」のこと。

注意 現代仮名遣《かなづか》いでは、「やうやう→ようよう」「山ぎは→山ぎわ」となる。

・「**夏は夜。月のころはさらなり、闇《やみ》もなほ、蛍《ほたる》の多く飛びちがひたる。また、ただ一つ二つなど、ほのかにうち光りて行くもをかし。雨など降るもをかし。**」…夏は夜（がよい）。月の（出ている）頃《ころ》は言うまでもないが、闇もやはり、蛍が多く飛び交っている（のがよい）。また、ほんの一、二匹《ひき》が、ほのかに光って飛んでいくのも趣がある。雨などが降るのもよい。→夏の夜の趣があるものとして、「月」「蛍」「雨」を取り上げている。

注意 現代仮名遣いでは、「なほ→なお」「飛びちがひ→飛びちがい」「をかし→おかし」となる。

テストの例題チェック

冬はつとめて。雪の降りたるは言ふべきにもあらず、霜《しも》のいと白きも、またさらでもいと寒きに、火などいそぎおこして、炭もて渡《わた》るもいとつきづきし。昼になりて、ぬるくゆるびもていけば、火桶《ひをけ》の火も白き灰がちになりてわろし。

（「枕草子」より）

(1) ――線部「つとめて」の意味として合うものはどれか。次から一つ選び、記号で答えなさい。

ア 夕方　イ 早朝
ウ 真夜中　エ 夜明け

［ イ ］

(2) この古文の内容を説明した次の文章のA～Dに当てはまる言葉を、文章中からそれぞれ一字で抜《ぬ》き出しなさい。

A が降っているのは言うまでもなく趣がある。B が真っ白なのも、またそうでなくてもとても寒いときに、C などを急いでおこして、炭を持って廊下《ろうか》などを通っていくのも冬にとても似つかわしい。しかし D になって、寒さがだんだんゆるんでいくと、火桶の火が白い灰ばかりになってよくない。

［ A 雪　B 霜　C 火　D 昼 ］

58 平家物語《へいけものがたり》

テストでは
仏教の「無常観」に基《もと》づいた作品。琵琶法師《びわほうし》によって「平曲《へいきょく》」として語られたことでも有名。信濃前司行長《しなののぜんじゆきなが》の作という説もあるが、定《さだ》かではない。

1 作品の基礎《きそ》知識

・**成立**…鎌倉《かまくら》時代前期から中期
・**ジャンル**…軍記物語
・**作者**…不明

2 「敦盛《あつもり》の最期《さいご》」のあらすじ

・**熊谷次郎直実《くまがえのじろうなおざね》が平《たいらの》敦盛と出会う**…源氏《げんじ》側の勝利は決定的な状況《じょうきょう》になる。源氏の武将である熊谷次郎直実は手柄《てがら》を立てようと、逃《に》げようとしていた若武者（平《たいらの》敦盛）を呼び止める。

↓

・**敦盛を討《う》つ**…熊谷が敦盛の首をはねようとすると、敦盛は十六、十七歳《さい》ぐらいの美少年だった。熊谷は我《わ》が子と同じぐらいの少年を討つのをかわいそうに思ったが、逃《に》がしてやることもできず、敦盛の首をはねる。その後、熊谷は出家したいという気持ちを強くする。

3 係り結び

(1) **係り結びとは**…文中に係りの助詞「ぞ・なむ・や・か・こそ」があるとき、文末を終止形以外の活用形で結ぶこと。感動を強調するときや、疑問・反語を表すときに使う。

(2) **係り結びの形**…①「ぞ」「なむ」→文末を連体形で結ぶ。強調を表す。

例 海へさっとぞ散ったりける。（訳 海へさっと散り落ちてしまった。）

② 「や」「か」→文末を連体形で結ぶ。疑問・反語を表す。

③ 「こそ」→文末を已然《いぜん》形で結ぶ。強調を表す。

テストの例題チェック

熊谷涙《なみだ》をおさへて申しけるは、

「助けまゐらせんとは存じ候《さうら》へども、味方の軍兵《ぐんびやう》、雲霞《うんか》のごとく候ふ。よも逃《のが》れさせたまはじ。人手にかけまゐらせんより、同じくは、直実が手にかけまゐらせて、後《のち》の御孝養《おんけうやう》をAこそつかまつり候は□。」

と申しければ、

「ただとくとく首をとれ。」

とぞのたまひける。

熊谷あまりにいとほしくて、いづくに刀を立つべしともおぼえず、目もくれ心も消えはてて、前後不覚におぼえけれども、さてしもあるべきことならねば、B泣く泣く首をぞかいてんげる。

（「平家物語」より）

(1) ――線部Aの係りの助詞「こそ」に対して、□に入る結びの言葉はどちらか。記号で答えなさい。

ア む（終止形）　**イ** め（已然形）　［ イ ］

(2) ――線部B「泣く泣く首をぞかいてんげる」とあるが、熊谷が首をはねたのはなぜか。その理由を説明した次の文の**ア**・**イ**に当てはまる言葉を文章中からそれぞれ抜《ぬ》き出しなさい。

ア（五字）が大勢いて、敦盛《あつもり》を**イ**（二字）ることができないため、他の者の手にかけられるよりも、熊谷自身が手にかけて、死後の供養《くよう》をしたほうがよいと考えたから。

［**ア** 味方の軍兵　**イ** 助け］

59 徒然草《つれづれぐさ》

テストでは

三大随筆《ずいひつ》の一つ。「つれづれなるままに」と執筆《しっぴつ》動機を語る序段の文章が有名。仏教の「無常観」の影響《えいきょう》を受けた作品になっている。

1 作品の基礎《きそ》知識

・**成立**…鎌倉《かまくら》時代末期　・**ジャンル**…随筆　・**作者**…兼好法師《けんこうほうし》

2 内容・特徴《とくちょう》

・人生・自然・社会についての見聞や考えが述べられている。

3 作品解説

・**「仁和寺《にんなじ》にある法師、年寄るまで岩清水《いはしみづ》を拝まざりければ、心うく覚えて、あるとき思ひたちて、ただ一人、徒歩《かち》より詣《まう》でけり。極楽寺《ごくらくじ》・高良《かうら》などを拝みて、かばかりと心得て帰りにけり。」**

…仁和寺にいる僧《そう》が、年を取るまで石清水八幡宮《はちまんぐう》を参拝しなかったので、残念に思って、あるとき思い立って、たった一人で、徒歩で参拝した。（山の麓《ふもと》にある）極楽寺や高良神社などを参拝して、（石清水八幡宮は）これだけだと思って帰ってしまった。

→仁和寺の法師は石清水八幡宮が山の上にあると知らず、山の麓にある寺や神社などが石清水八幡宮だと勘違《かんちが》いしている。このことが、「少しのことにも、先達《せんだち》はあらまほしきことなり（ちょっとしたことでも、案内者はあってほしいものだ）。」という意見につながる。

注意 「心うし」は「つらい、残念だ」という意味。

テストの例題チェック

※作品解説の続きであるため、作品解説中の古文も参照して答えなさい。

さて、かたへの人にあひて、「年ごろ思ひつること、果たしはべりぬ。聞きしにも過ぎて、尊《たふと》くこそおはしけれ。そも、参りたる人ごとに山へ登りしは、何事かありけん、ゆかしかりしかど、神へ参るこそ本意《ほい》なれと思ひて、山までは見ず。」とぞ言ひける。

少しのことにも、先達はあらまほしきことなり。

（『徒然草』より）

(1) ――線部「年ごろ思ひつること」の内容に当てはまるのは次のどちらか。記号で答えなさい。

ア 長年、石清水八幡宮を参拝したいと思っていたこと。

イ 山の上で何が行われているのか、長い間知りたいと思っていたこと。

［ ア ］

(2) 法師のおかしさを説明したものとして適切なものはどれか。次から一つ選び、記号で答えなさい。

ア 石清水八幡宮を参拝できたので、山の上までは行かなかったこと。

イ 石清水八幡宮を既《すで》に参拝した仲間に、ようやく参拝した法師が自慢《じまん》していること。

ウ 石清水八幡宮を参拝できていないのに、目的を果たしたと思っていること。

［ ウ ］

(3) この文章は、法師についての話と、それに対する筆者の意見から成り立っている。筆者の意見に当たる一文の初めの五字を抜《ぬ》き出しなさい。

［ 少しのこと ］

解説

(2) 山の上に石清水八幡宮があったことに気づかず、参拝したと語っていることが法師のおかしさである。

60 おくのほそ道《みち》

テストでは
松尾芭蕉《まつおばしょう》は俳諧《はいかい》を文学として確立した人物として有名。その作風は「蕉風《しょうふう》」とよばれる。

☑ **1 作品の基礎知識《きそ》**

・**成立**…江戸《えど》時代前期　・**ジャンル**…俳諧紀行文　・**作者**…松尾芭蕉

☑ **2 内容・特徴《とくちょう》**

・芭蕉が門人の曽良《そら》を連れて、江戸から東北、北陸を旅した経験を書き記している。

☑ **3 作品解説**

・**「月日は百代《はくたい》の過客《くわかく》にして、行《ゆ》きかふ年もまた旅人なり。舟《ふね》の上に生涯《しやうがい》を浮《う》かべ、馬の口とらへて老いを迎《むか》ふる者は、日々旅にして旅を栖《すみか》とす。古人も多く旅に死せるあり。」**

…月日は永遠の旅人であり、やって来《き》ては去っていく年もまた旅人である。（船頭として）舟の上で一生を過ごす人や、（馬子《まご》として）馬のくつわを取って老いを迎える人は、毎日が旅であって旅を住まいとしている。昔の人にも旅の途中《とちゅう》で死んだ人は多い。

↓旅をして作品を書いている芭蕉は、人だけではなく年月も旅人だという人生観をもつ。

注意 ここでいう「古人」とは、李白《りはく》・杜甫《とほ》・西行《さいぎょう》・宗祇《そうぎ》など、人生の大半を旅に過ごしながら、詩歌《しいか》の道を究《きわ》めた人々のこと。

・「予《よ》もいづれの年よりか、片雲《へんうん》の風に誘《さそ》はれて、漂泊《へうはく》の思ひやまず、海浜《かいひん》にさすらへて……」

…私もいつの頃《ころ》からか、ちぎれ雲が風に誘われるように、あてのない旅に出たいという思いがやまず、海辺をさまよって……

→「漂泊の思ひ」とは、「片雲の風に誘はれて」「海浜にさすらへて」から、「あてのない旅に出たいという思い」のことだと考えられる。

テストの例題チェック

A 三代の栄耀一睡《えいえういっすい》のうちにして、大門《だいもん》の跡《あと》は一里こなたにあり。秀衡《ひでひら》が跡は田野《でんや》になりて、金鶏山《きんけいざん》のみ形を残す。

まづ高館《たかだち》に登れば、北上川《きたかみがは》南部より流るる大河なり。衣川《ころもがは》は和泉《いづみ》が城《じやう》を巡《めぐ》りて、高館の下《もと》にて大河に落ち入る。泰衡《やすひら》らが旧跡《きうせき》は、衣《ころも》が関《せき》を隔《へだ》てて南部口《なんぶぐち》をさし固め、夷《えぞ》を防ぐとみえたり。さても義臣すぐつてこの城に籠《こ》もり、功名一時のくさむらとなる。「国破れて山河《さんが》あり、城春にして草青みたり。」と、笠《かさ》打ち敷《し》きて、時の移るまで涙《なみだ》を落としはべりぬ。

B 夏草や兵《つはもの》どもが夢の跡

（「平泉《ひらいづみ》」『おくのほそ道』より）

(1) ――線部Aの指し示す内容として当てはまるのは次のどちらか。記号で答えなさい。

ア 藤原《ふじわら》三代の栄華《えいが》が長く続いたこと。

イ 藤原三代の栄華がはかなく消え去ったこと。

［ イ ］

(2) ――線部Bの内容として適切なものはどれか。次から一つ選び、記号で答えなさい。

ア 自然の風景は変わらず存在し、戦いに敗れた人の心を癒《い》やすということ。

イ 山や河や草があり続けることで、栄華の名残《なごり》が感じられるということ。

ウ 栄えた者が滅《ほろ》んだあとも、草木の様子が変わることはないということ。

［ ウ ］

61 三大和歌集

テストでは
万葉集《まんようしゅう》・古今和歌集《こきんわかしゅう》・新古今和歌集《しんこきんわかしゅう》について、それぞれの特徴《とくちょう》や、撰者《せんじゃ》、代表的歌人などを問う問題がよく出るので、違《ちが》いを覚えておくとよい。

1 万葉集

・八世紀後半（奈良《なら》時代）に成立したといわれる、現存する日本最古の歌集。
・二十巻、約四五〇〇首の歌が収められている。
・編者は不明だが、大伴家持《おおとものやかもち》が深く関係していたといわれる。
・代表的歌人は、額田王《ぬかたのおおきみ》、持統天皇《じとうてんのう》、柿本人麻呂《かきのもとのひとまろ》、山部赤人《やまべのあかひと》、山上憶良《やまのうえのおくら》など。
・万葉仮名で書かれ、自然に触《ふ》れた感動などが、率直に、力強く歌い上げられている。

2 古今和歌集

・十世紀前半（平安《へいあん》時代）に成立した、日本最初の勅撰《ちょくせん》和歌集（天皇などの命令により作られた和歌集）。
・二十巻、約一一〇〇首の歌が収められている。
・撰者は紀友則《きのとものり》、紀貫之《きのつらゆき》、凡河内躬恒《おおしこうちのみつね》、壬生忠岑《みぶのただみね》。
・代表的歌人は、紀貫之、小野小町《おののこまち》、在原業平《ありわらのなりひら》など。
・四季や恋《こい》の感情などが、技巧《ぎこう》を凝《こ》らした表現で歌い上げられている。
・序文の「仮名序《かなじょ》」の冒頭《ぼうとう》には、和歌の本質が説かれている。紀貫之が書いたといわれる。

3　新古今和歌集

・十三世紀前半（鎌倉《かまくら》時代）に成立した、八番目の勅撰和歌集。

・二十巻、約二〇〇〇首の歌が収められている。

・撰者は藤原定家《さだいえ》、源通具《みなもとのみちとも》、藤原有家《ふじわらのありいえ》、藤原家隆《いえたか》、藤原雅経《まさつね》、寂蓮《じゃくれん》法師。

・代表的歌人は、西行《さいぎょう》法師、藤原定家、式子内親王《しょくしないしんのう》など。

・平安時代に書かれた文学作品の世界をふまえた歌や、象徴《しょうちょう》的な歌が多い。

テストの例題チェック

A　人はいさ心も知らずふるさとは
花ぞ昔の香ににほひける　紀貫之

B　東《ひむがし》の野に炎《かぎろひ》の立つ見えて
かへり見すれば月傾《かたぶ》きぬ　柿本人麻呂

C　春過ぎて夏来《きた》るらし白たへの
衣《ころも》干したり天《あめ》の香具山《かぐやま》　持統天皇

D　見わたせば花も紅葉《もみぢ》もなかりけり
浦《うら》の苫屋《とまや》の秋の夕暮《ゆふぐれ》　藤原定家

(1) A～Dの和歌のうち、『万葉集』に収められている歌をすべて選び、記号で答えなさい。順不同。
［　B・C　］

(2) Aの和歌を詠《よ》んだ人物が書いたといわれ、和歌の本質を植物にたとえて説いた、『古今和歌集』の序文を何というか。
［　仮名序　］

62 漢文の基礎《きそ》知識

テストでは 漢文や漢詩では、返り点を付けたり、書き下し文に書き改めたりする問題が出る。

1 訓読《くんどく》

(1) **訓読**…漢文を日本語の文法に従って、日本語の文章のように読むこと。

(2) **訓点**…訓読するために入れる符号《ふごう》。

(3) **白文《はくぶん》**…漢字だけで書かれた、もとの漢文。

(4) **訓読文**…漢文に訓点を付けたもの。

(5) **書き下し文**…漢文を訓点に従って漢字仮名《かな》交じり文に書き直したもの。

2 訓点

(1) 訓点には、**送り仮名**・**返り点**・**句読点**がある。

(2) 送り仮名は、漢文を訓読するときに、漢字の右下に付ける片仮名。日本語の助詞・助動詞・用言の活用語尾《ごび》などを、歴史的仮名遣《づか》いで入れる。

例 対《こた》ヘテ 曰《い》ハク （対へて曰はく）

(3) 返り点…漢文を読む順番を表すための符号。漢字の左下に付ける。

・**レ《れ》点**…下の一字から、すぐ上の一字に返る。

例 読ム㆑書ヲ。（書を読む。）

・**一《いち》・二《に》点**…下の字から、二字以上隔《へだ》てた上の字に返る。

例 与《あた》フ㆓我ニ書ヲ㆒。（我に書を与ふ。）

・上《じょう》・下点《げ》…間に一・二点を挟《はさ》み、さらに上に返る。 **例** 有リ下 朋《とも》 自《より》二 遠 方一 来タル上。(朋遠方より来たる有り。)

3 漢詩の形式

(1) 絶句《ぜっく》…四つの句から成る詩。

・一句が五字の五言絶句《ごごん》と、一句が七字の七言絶句《しちごん》がある。

・全体が起句《きく》―承句《しょうく》―転句《てんく》―結句《けっく》という構成。

(2) 律詩《りっし》…八つの句から成る詩。

・一句が五字の五言律詩と、一句が七字の七言律詩がある。

・二句で一まとまりの一聯《いちれん》を作り、全体が首聯《しゅれん》―頷聯《がんれん》―頸聯《けいれん》―尾聯《びれん》という構成。絶句の起承転結に当たり、同じ役割をもつ。

くわしく

【漢詩の表現技法】

漢詩には、対句《ついく》や押韻《おういん》などの表現技法がある。

テストの例題チェック

① **次の漢詩や漢文を返り点に注意して読み、書き下し文に直して答えなさい。**

(1) 春《しゅん》 眠《みん》 不《ず》レ 覚エレ 暁《あかつき》ヲ。

［ 春眠暁を覚えず。 ］

(2) 宋《そう》 人《ひと》ニ 有リ二 耕スレ 田ヲ 者一。

［ 宋人に田を耕す者有り。 ］

② **杜甫《とほ》の作った次の漢詩「絶句」の形式を、漢字四字で答えなさい。**

江《かう》ハ 碧《みどり》ニシテ 鳥ハ 逾《いよい》ヨ 白ク

山ハ 青クシテ 花ハ 欲《ほっ》スレ 然《も》エント

今 春 看《みすみ》ス 又《また》 過グ

何《いづ》レノ 日カ 是《こ》レ 帰 年ナラン

［ 五言絶句 ］

63 矛《む》盾《じゅん》

テストでは
ことわざや慣用句の問題と同様に、故事成語の問題も出題されやすい。有名な故事成語の意味をおさえておこう。

1 基礎《きそ》知識

・**故事成語とは**…中国に昔からある言い伝えや、書物に書かれた話から生まれた短い言葉。

2 作品解説

・**「楚人《そひと》に、盾《たて》と矛《ほこ》とを鬻《ひさ》ぐ者有り。」**…楚の国の人で、盾と矛とを売る者があった。
→「盾」とは「敵の矢や剣《けん》などを防ぐための板状の武具」のこと。「矛」とは「長い柄《え》の先端《せんたん》に両刃《りょうば》を付けた武器」のこと。つまり、「盾」は防御するもので、「矛」は攻撃《こうげき》するものである。

・**「之《これ》を誉《ほ》めて曰《い》はく、『吾《わ》が盾の堅《かた》きこと、能《よ》く陥《とほ》すもの莫《な》きなり。』と。」**…（その人が）盾を褒《ほ》めて、「私の盾の堅いことといったら、（これを）突《つ》き通せるものはない。」と言った。

・**「又《また》、其《そ》の矛を誉めて曰はく、『吾が矛の利なること、物に於《お》いて陥さざる無きなり。』と。」**…また、（その人が）矛を褒めて、「私の矛の鋭《するど》いことといったら、どんなものでも突き通せないものはない。」と言った。

・**「或《あ》るひと曰はく、『子《し》の矛を以《もっ》て、子の盾を陥さば何如《いかん》。』と。」**…（そこで、）ある人が、「あなたの矛で、あなたの盾を突き通すとどうなるのか。」と尋《たず》ねた。

・「**其の人、応ふること能《あた》はざるなり。**」…その人は、答えることができなかったのである。
→「突き通せるものはない」という「盾の堅さ」と、「突き通せないものはない」という「矛の鋭さ」の両方を主張するその人（商人）の話はつじつまが合っていなかった。そのため、矛と盾について言及《げんきゅう》したある人の質問に、その人は答えることができなかった。ここから、「矛盾（話のつじつまが合わないこと）」という故事成語が生まれた。

テストの例題チェック

次の故事成語の意味を記号で答えなさい。

(1) 杞憂《きゆう》　(2) 五十歩百歩　(3) 推敲《すいこう》
(4) 助長　(5) 四面楚歌《しめんそか》　(6) 蛇足《だそく》

ア 詩や文章を吟味《ぎんみ》して練り直すこと。
イ する必要のない心配。
ウ 敵に囲まれて孤立《こりつ》し、助けのないこと。
エ 少しの違《ちが》いはあっても、本質的には同じであること。
オ 不要な力添《ちからぞ》えをして害すること。
カ 付け加える必要のないもの。

［(1) イ　(2) エ　(3) ア　(4) オ　(5) ウ　(6) カ］

解説

(2) 戦いの際に五十歩逃《に》げた者が百歩逃げた者を臆病《おくびょう》だと笑ったが、逃げたことには変わりはないという故事がもとになっている。ちなみに、日本のことわざ「どんぐりの背比べ」と同じ意味である。

(3) 唐《とう》の詩人が「僧《そう》は推《お》す月下の門」という自作の詩について、「推す」を「敲《たた》く」とすべきか迷ったすえ、韓愈《かんゆ》の助言によって、「敲」の字に改めたという故事がもとになっている。

(5) 楚の項羽《こうう》が漢に敗れて包囲されたとき、夜に四方にいる漢軍が楚の歌を盛んに歌うのを聞き、楚の民が漢に降伏《こうふく》したと思って絶望したという故事がもとになっている。

64 漢詩

テストでは 漢詩では、詩の形式や作者についての問題が出されやすい。学習した漢詩については、形式と作者をおさえておこう。

1 基《き》礎《そ》知識

・**漢詩とは**…中国で古くから詠《よ》まれてきた詩。日本では特に李《り》白《はく》や杜《と》甫《ほ》、孟浩然《もうこうねん》に代表される唐《とう》の時代の詩が評価されてきた。

2 作品解説

春暁《しゅんげう》　孟浩然《まうかうねん》

春眠《しゅんみん》暁《あかつき》を覚えず
処処《しょしょ》啼鳥《ていてう》を聞く
夜来《やらい》風雨の声
花落つること知る多少

春眠不《ず》レ覚エレ暁ヲ
処処聞ク二啼鳥ヲ一
夜来風雨ノ声
花落ツルコト知ル多少

訳 春の朝、夜が明けたことに気づかず眠《ねむ》っていた。目覚めるとあちらこちらから鳥の鳴き声が聞こえてくる。昨夜の雨風の音を思い出し、花はどれほど散ったことだろうかと想像する。

↓雨風の強かった昨夜と打って変わった、春の朝の穏《おだ》やかな様子が描《えが》かれている。春の眠りの心地《ここち》よさのため、作者は夜が明けたことに気づいていなかった。ようやく目が覚めた作者は床《とこ》の中で鳥の声を聞き、明るくのどかな気分に浸《ひた》っている。

・**漢詩の形式**…この詩の形式は「五言絶句《ごごんぜっく》」（→p.133）。

・**漢詩の表現技法**…「押韻《おういん》」とは、原則として、五言詩では偶数句《ぐうすう》の句末で、七言詩では第一句と偶数句の句末で同じ韻（同じ響《ひび》きをもつ音）の字を用いること。「春暁」では、第一句の句末の「暁」、第二句の句末の「鳥」、第四句の句末の「少」が押韻している。

テストの例題チェック

黄鶴楼《くわうかくろう》にて孟浩然の広陵《くわうりよう》に之《ゆ》くを送る　　李白

故人西のかた黄鶴楼を辞し
煙花三月《えんくわさんぐわつ》揚州《やうしう》に下る
孤帆《こはん》の遠影碧空《えんえいへきくう》に尽《つ》き
唯《た》だ見る長江《ちやうかう》の天際《てんさい》に流るるを

故人西ノカタ辞シ二黄鶴楼一ヲ
煙花三月下ル二揚州一ニ
孤帆ノ遠影碧空ニ尽キ
唯ダ見ル長江ノ天際ニ流ルルヲ

(1) この漢詩の形式はどちらか。記号で答えなさい。
ア 七言絶句　イ 七言律詩　［ ア ］

(2) この詩から作者のどのような心情が読み取れるか。次から一つ選び、記号で答えなさい。
ア 古くからの友人が旅立つ寂《さび》しさ。
イ 今は亡《な》き、昔の人への追憶《ついおく》。
ウ 自らの旅立ちに対する不安と期待。
エ 広大な自然への感動。　［ ア ］

解説
(2) 作者は黄鶴楼におり、古くからの友人である孟浩然を乗せた船が去り行くのを見つめている。

65 論語《ろんご》

テストでは
孔子《こうし》は中国の思想家である。孔子の思想は「儒教《じゅきょう》」とよばれ、後世に大きな影響を与えたことをおさえておこう。

1 基礎《きそ》知識

・**論語とは**…孔子とその弟子たちの言行や問答を記録したもの。仁《じん》（思いやり）を中心にした儒教の思想を記している。

2 作品解説

・**子曰《しい》はく、「故《ふる》きを温めて新しきを知れば、以《もっ》て師為《た》るべし。」と。**
子曰ハク、「温メテレ故キヲ而知レバレ新シキヲ、可ベシ二以テ為ル一レ師矣。」（為政《ゐせい》）
訳 先生（孔子）が言うには、「過去の学説などを繰り返し研究して新しい意義や知識が発見できるようになれば、人の師である資格がある。」と。
→新しい知識を得るために、まず古いことを勉強することの必要性を説いている。このことが、「温故知新」という四字熟語で表される。

・**子曰はく、「己《おのれ》の欲《ほっ》せざる所、人に施《ほどこ》すこと勿《な》かれ。」と。**
子曰ハク、「己ノ所レ不ザルレ欲セ、勿カレレ施スコト二於人一ニ。」（衛霊公《えいれいこう》）
訳 先生（孔子）が言うには、「自分がされたくないことは、人にしてはいけない。」と。
→自分がされたくないことは、人にもしてはいけないという、思いやりの重要性を説いている。

テストの例題チェック

子曰はく、「学びて時に之《これ》を習ふ、A亦説《またよろこ》ばしからずや。朋《とも》、遠方より来たる有り、B亦楽しからずや。人知らずして慍《うら》みず、C亦君子ならずや。」と。

子曰《ハク》、「学《ビテ》而時《ニ》習《フ》㆑之《ヲ》、不㆓亦説《バシカラ》㆒乎《や》。有《リ》㆘朋、自《より》㆓遠方㆒来《タル》㆖、不㆓亦楽《シカラ》㆒乎。人不《シテ》㆑知《ラ》而不㆑慍《ミ》、不㆓亦君子《ナラ》㆒乎《ト》。」
（学而《がくじ》）　（「論語」より）

(1) ——線部Aとあるが、どのようなことがうれしいのか。次から一つ選び、記号で答えなさい。

ア　新しいことを繰り返し教えてもらうこと。
イ　学んだことを機会があるたびに復習すること。
ウ　学んだことを人に教えること。　［ イ ］

(2) ——線部Bとあるが、どのような意味か。次から一つ選び、記号で答えなさい。

ア　それもまた楽しいことではない。
イ　なんとも楽しいことではないか。
ウ　楽しみに思うだろうか。　［ イ ］

(3) ——線部Cとあるが、どのような人のことか。次から一つ選び、記号で答えなさい。

ア　人に認めてもらえなくても、不平や不満をもたない人。
イ　遠方から訪ねてくる友人を歓迎《かんげい》できる人。
ウ　よく知らない相手をたやすく恨《うら》まないように心がける人。　［ ア ］

解説

(3)「人知らずして慍みず（人が自分を認めてくれなくても、不平や不満をもたない）」が「君子」の特徴《とくちょう》を表している。

66 論説的文章

テストでは

指示語の指す内容は、まず直前から探すということをおさえよう。また、接続語は意味をとらえておくことで、選択《せんたく》問題などに対応しやすくなる。

1 指示語

(1) **直前の部分に注目する**…「これ・それ」「この・その」などの指示語の指し示す内容は、多くは指示語よりも前にあるので、まず直前の部分から探す。

注意 指し示す内容が指示語よりかなり前にある場合や、あとにある場合もある。

(2) **指示語の部分に当てはめて確認する**…指示語の指し示す内容を見つけたら、指示語の部分にその内容を当てはめて、文意が通るかを確認する。

2 接続語

(1) **それぞれの接続語の意味をとらえる**…①順接（例 だから・すると・以上のことから）、②逆接（例 しかし・けれども・ところが）、③並列・累加（例 また・そして・しかも）、④対比・選択（例 または・それとも・いっぽう）、⑤説明・補足（例 なぜならば・つまり・たとえば）、⑥転換（例 では・さて・ところで）

(2) **接続語の前後の文の関係をとらえる**…接続語の問題は、空欄《くうらん》補充《ほじゅう》で出ることが多いので、前後の文の関係を正確にとらえることが大切である。

テストの例題チェック

ふつう、レンズというと、凹《おう》レンズも凸《とつ》レンズも球の一部を切り取った形をしている。球の一部だから、断面は円の一部である。□このようなレンズを球面レンズと呼ぶ。メガネもそうだったし、虫メガネと呼ばれる拡大鏡や顕微鏡《けんびきょう》などもカメラや望遠鏡、さまざまな測定機、映写機や投影機《とうえいき》、医療機《いりょうき》器《き》にもこのレンズが使われている。胃カメラで胃の内部を見せてくれるのもレンズなら、宇宙の果ての星を見せてくれるのもこのレンズである。

　球面レンズは、球の一部を切り取った形をした研《けん》磨皿《まざら》に、歯みがき粉を溶《と》かしたような研磨材を流しながら、くるくると回転させて磨《みが》く。昔から<u>その</u>方法は基本的には変わらない。

（小関智弘《こせきともひろ》「道具にヒミツあり」〈岩波ジュニア新書〉より）

---

(1) □に入る接続語として適切なものはどれか。次から一つ選び、記号で答えなさい。

ア または　**イ** しかし
ウ しかも　**エ** だから　［ エ ］

(2) ——線部「その」の指し示す内容として合うのはどちらか。記号で答えなさい。

ア 球面レンズは、研磨皿に研磨材を流しながら、回転させて磨くこと。

イ 球面レンズは、歯みがき粉を溶かしたものを使って磨くこと。　［ ア ］

解説

(1) □の前後の内容に注目。前では、レンズは球の一部を切り取った形をしており、断面は円の一部であるということが書かれている。あとでは、レンズを球面レンズと呼ぶことが書かれている。前があとの理由になっているので、順接の接続語が当てはまる。

(2) ——線部は直前の一文の内容を指している。指示語の部分に当てはめて、文意が通ることを確認する。

67 随筆《ずいひつ》

テストでは

随筆では主題を問われることが多い。筆者の思いと文章全体のキーワードをおさえ、それを手がかりにして主題を読み取ろう。

1 主題

(1) 事実が書かれている部分と、筆者の思いが書かれている部分を区別する。また、文章全体のキーワードをおさえる。

(2) **主題**とは、「作品を通じて筆者が最も伝えたいこと」である。主題は文章の終わりのほうの段落で総括《そうかつ》されていることが多い。

注意 論説文は、論理的な文章構成で筆者の主張を述べるのに対して、随筆は、比較的《ひかくてき》自由な形式で書かれ、筆者の体験に基づいた主観的な思いが述べられることが多い。

テストの例題チェック

1 私は六十五歳《さい》にして両親を失った。*遠藤周作《えんどうしゅうさく》の表現によればミナシゴになった。私はあまり淋《さび》しくはなかった。既《すで》に私自身の死が迫《せま》っているからである。また自分の体力も気力も経済力もあるうちに、死んでくれてよかった、とさえ思った。私が早く死に、

……

夫婦が死んで十年もたつと、訪れる人もなくなり、孫が生きている間はまだしも、やがては完全に忘れられ、遺族のない墓として処理されるのだ。

6 人の生よりも死のほうが遥《はる》かにはかないのではないだろうか。

私の息子《むすこ》に私の親の最後の祭をさせることを思えば、はるかに好都合な結末である。（中略）

[2]私は気のむいた時に、海の見える墓地に参る。墓の雑草を抜《ぬ》き、沖合《おきあい》をゆくタンカーなどをながめる。そして墓石を見下ろしながら、やがて自分の骨もまた陶器《とうき》の壺《つぼ》にいれられて、この中に納められるのであろうか、とその日の様を想像する。

[3]息子は白髪頭《しらがあたま》になっているだろうか。嫁《よめ》は主婦の勤めだからと、せっせと墓石に水などをかけ、切花《きりばな》を少しでも見ばえのいいように置き直したりしている。我が配偶者《はいぐうしゃ》もその場にいれば、彼女《かのじょ》の晩年を一人ぼっちにしたことで、私に腹を立て、不機嫌《ふきげん》な顔をしていることだろう。若者になった孫は納骨など早く済ませて、ガールフレンドとのデートの場に駆《か》けつけたいといらいらしているのではないだろうか。

[4]そしてふと息子や孫、嫁なども、あれほど可愛《かわい》がってくれた祖父母であり、曾祖父母《そうそふぼ》なのだから、一年に一度くらい墓参りをしてもいいのに、と思ったりもする。私は両親より肉親愛が強いらしい。

[5]関西に住み関西で働く息子たちは、生活に忙《いそが》しくてなかなか海の見える墓に来る時間がない。私たち

（三浦朱門《みうらしゅもん》「先祖と子孫」『母の写真―'94年版ベスト・エッセイ集』〈文春文庫〉より）

＊遠藤周作…昭和から平成にかけて活動した小説家。

(1) 筆者が想像したことだけを述べている段落はどこか。段落の番号で答えなさい。　［ 3 ］

(2) 「生と死」についての筆者の思いを述べている段落はどこか。段落の番号で答えなさい。　［ 6 ］

解説

(1) [1]段落は事実と思い、[2]段落は事実と想像（筆者がやがて死んだあとのこと）が書かれているが、[3]段落はその想像だけが書かれている。また、[4]段落に書かれているのは、息子や孫や嫁への思いと、自身の肉親愛についてである。

(2) この文章では「死」がキーワードになっている。[1]段落には両親の死という事実に対する意見が、[2]～[5]段落には墓参りに関する事実や想像、意見が書かれている。[6]段落では、「生と死」についての思いが書かれている。

68 文学的文章

テストでは

場面を意識すると、長い小説であっても流れをつかみやすい。また、文学的文章では心情に関する問題が多いので、心情が読み取れる表現に注意。

1 場面

(1) **出来事をとらえる**…いつ・どこで・誰《だれ》が・何をしている場面なのかを意識しながら読む。

(2) **場面の状況《じょうきょう》をとらえる**…出来事が起きた場面で、登場人物がどんな立場にいるか、周囲はどんな状況なのかに注目する。

くわしく

どのような出来事から生じた心情なのかを考え、原因となる出来事にも注目しよう。また、自分ならどう感じるかではなく、文章中の表現を根拠《こんきょ》として解答しよう。

2 登場人物の心情

・直接的に心情を表す言葉や、行動・会話・表情、情景描写《びょうしゃ》などに注目して、心情をとらえる。

テストの例題チェック

正面の一段高い舞台《ぶたい》には花を飾《かざ》った演壇《えんだん》が設けられている。その右側に「入学式次第」と模造紙に記した掲示《けいじ》が、そこだけ白く浮《う》き上がって見え、左側

「このままで、いいのか?」

言葉は誰に向けたというわけではなかったが、そのあと、先生はまた、端《はし》から端まで人垣《ひとがき》を眺《なが》め渡《わた》し

には胸に赤いリボンをつけた来賓《らいひん》が五人ほど、並んでパイプ椅子《いす》に腰《こし》をおろしていた。

入場の先頭は一年A組の担任教諭《きょうゆ》で、その後ろを一列縦隊で生徒が続いた。

「なんか寒くね？」

「思い切りさぶー」

「やってらんねーっつうの」

新入生にしては緊張感《きんちょうかん》のない様子で私語をする生徒もいる。

「君たち、口を閉じて歩きなさい」

教諭が後ろを振《ふ》り返って言った。

（本田有明《ほんだありあけ》「ファイト！　木津西《きづにし》高校生徒会」〈河出書房新社〉より）

●右の文章の場面は、何の様子を描《えが》いたものか。次から一つ選び、記号で答えなさい。

ア　重々しく執《と》り行われる入学式の様子。

イ　多くの来賓が訪れる盛大な入学式の様子。

ウ　緊張感のない入学式の様子。

［　ウ　］

た。目が合いそうになると、ほとんどの奴《やつ》はうつむいてしまう。僕《ぼく》だって、そうしたかった。でも、それダメだぜ、という自分の声が遠くから聞こえてくる。ダメダメダメ、絶対にダメだからな、そういうの――自分を甘《あま》やかすことにかけては自信があった僕の中に、いきなり＊星一徹《ほしいってつ》が居座ってしまった。

目が合った。先生も僕の視線に気づいて、横に流していた目の動きを止めた。よしっ、と先生は無言でうなずく。

（重松清《しげまつきよし》「空より高く」〈中公文庫〉より）

＊星一徹…漫画《まんが》「巨人《きょじん》の星」に登場する主人公の父親。頑固《がんこ》な性格で、主人公に野球を厳しく教え込《こ》む。

●――線部の動作には、先生のどんな気持ちが表れているか。次から一つ選び、記号で答えなさい。

ア　大半の生徒がうつむいたことを残念に思う気持ち。

イ　うつむきたがる「僕」を情けなく思う気持ち。

ウ　「僕」の熱意を理解していると伝えようとする気持ち。

［　ウ　］

69 詩

テストでは

詩の読解問題では、表現技法についての問題がよく出る。それぞれの表現技法の違《ちが》いを整理しておこう。

1 比喩《ひゆ》

(1) 直喩（明喩）…「～ようだ」などを使ってたとえる。

例 まるで燃えているような夕日。

(2) 隠喩《いんゆ》（暗喩）…「～ようだ」などを使わないで、暗示的にたとえる。

例 君は僕《ぼく》の太陽だ。

(3) 擬人法《ぎじんほう》…人でないものを人に見立ててたとえる。 例 風がささやく。

2 その他の表現技法

(1) 体言止め…行末を体言（名詞）で止めて、印象を強める。

例 水際《みずぎわ》にたたずむ一羽の寂《さび》しげな鳥。

(2) 倒置《とうち》…語順を普通《ふつう》とは逆にすることで、その部分を強調する。

例 走るのだ、後ろを振《ふ》り返らずに。

(3) 対句《ついく》…形の上からも内容の上からも対応する語句を並べることで、リズムを生む。

例 小鳥は楽しげにさえずり、子どもたちはにぎやかに歌う。

(4) 反復…同じ語句、または似た語句を繰《く》り返すことでリズムを生む。

例　共に歩もう、共に歩もうよ。

3　詩の種類

(1) 用語上の種類…現代の言葉で書かれた詩は「口語詩」、昔の言葉で書かれた詩は「文語詩」。

(2) 形式上の種類…一定の音数やリズムによって作られた詩は「定型詩」、音数や形式に一定の型がない詩は「自由詩」、普通の文章の形で作られている詩は「散文詩」。

テストの例題チェック

冬が来た　　高村光太郎《たかむらこうたろう》

きつぱりと冬が来た
八つ手の白い花も消え
A 公孫樹《いちょう》の木も箒《ほうき》になつた

B きりきりともみ込《こ》むやうな冬が来た
人にいやがられる冬
C 草木に背《そむ》かれ、虫類に逃《に》げられる冬が来た

冬よ
D 僕《ぼく》に来い、僕に来い
僕は冬の力、冬は僕の餌食《えじき》だ

しみ透《とお》れ、つきぬけ
火事を出せ、雪で埋《う》めろ
刃物《はもの》のやうな冬が来た

（高村光太郎「道程」より）

(1) A～Dではどんな表現技法が使われているか。次からそれぞれ選び、記号で答えなさい。
ア 擬人法　**イ** 反復法　**ウ** 直喩　**エ** 隠喩
［A エ　B ウ　C ア　D イ］

(2) この詩の種類を次から選び、記号で答えなさい。
ア 口語自由詩　**イ** 口語定型詩　［ア］

70 短歌・俳句

テストでは
短歌では、解釈《かいしゃく》文の空欄《くうらん》補充《ほじゅう》や選択《せんたく》問題がよく出題される。俳句では、季語・切れ字について問う問題がよく出る。

1 短歌の特徴《とくちょう》

五・七・五・七・七の三十一音の定型詩。短歌は「首《しゅ》」と数える。

(1) **形式**…それぞれの句を上から順に、初句《しょく》（第一句）、第二句、第三句、第四句、結句《けっく》（第五句）とよぶ。また、第三句までを上《かみ》の句、第四句以下を下《しも》の句という。

(2) **字余り・字足らず**…三十一音より音数の多いものを字余り、少ないものを字足らずという。

(3) **句切れ**…意味上の切れ目のこと。句切れの位置で、初句切れ・二句切れ・三句切れ・四句切れ・句切れなしという。

2 短歌の表現技法

(1) 体言止め…結句や句切れの部分を体言（名詞）で止めて、印象を強め、余韻《よいん》を残す。

例 海恋《こひ》し潮の遠鳴りかぞへ《（え）》てはをとめ《（お）》となりし父母《ちちはは》の家　与謝野晶子《よさのあきこ》

(2) 倒置《とうち》…語順を普通《ふつう》とは逆にすることで、その部分を強調する。

例 金色《こんじき》のちひ《（い）》さき鳥のかたちして銀杏《いてふ》散るなり夕日の岡《をか》に　与謝野晶子

(3) 比喩《ひゆ》…あるものの様子をほかのものにたとえることで、印象を強める。

例 砂原と空と寄り合ふ《（う）》九十九里《くじゅうくり》の磯《いそ》行く人ら蟻《あり》のごとしも　伊藤左千夫《いとうさちお》

3 俳句の特徴

五・七・五の十七音の定型詩。俳句は「句」と数える。

(1) **字余り・字足らず**…十七音より音数の多いものを字余り、少ないものを字足らずという。

(2) **季語**…季節を表す語（季語）を、一句に一つ詠《よ》み込《こ》むのが原則。

4 俳句の表現技法

(1) 切れ字…句の切れ目や末尾《まつび》にある、詠嘆《えいたん》や強調を表す「や・ぞ・か・かな・けり・なり・たり」など。

例 万緑《ばんりょく》の中や吾子《あこ》の歯生え初《そ》むる　中村草田男《なかむらくさたお》
赤とんぼ筑波《つくば》に雲もなかりけり　正岡子規《まさおかしき》

(2) 句切れ…短歌と同様で、意味上の切れ目のこと。

テストの例題チェック

A ヒヤシンス薄紫《うすむらさき》に咲《さ》きにけりはじめて心顫《ふる》ひそめし日　北原白秋《きたはらはくしゅう》

B あかあかと一本の道とほりたりたまきはる我が命なりけり　斎藤茂吉《さいとうもきち》

C 旅に病《やん》で夢は枯野《かれの》をかけ廻《めぐ》る　松尾芭蕉《まつおばしょう》

D くろがねの秋の風鈴《ふうりん》鳴りにけり　飯田蛇笏《いいだだこつ》

E と言ひて鼻かむ僧《そう》の夜寒《よさむ》かな　高浜虚子《たかはまきょし》

(1) 体言止めが使われている短歌はどれか。記号で答えなさい。［A］

(2) Bの短歌は何句切れか。［三句切れ］

(3) D・Eの俳句から、切れ字をすべて書き抜きなさい。(順不同)［けり・かな］

(4) 字余りの俳句はどれか。記号で答えなさい。［C］

テスト直前 最終チェック！ ▼▼ 文法用語集

番号	用語	意味	例
□35	活用形	単語の形が規則的に変化するときの形。未然形など、六種類ある。	例 話さない（未然形） 例 話します（連用形）
□35	活用語尾《ごび》	活用形で、活用によって形が変化する部分。変化しない部分は、語幹という。	例 書か・書き・書く（書＝語幹、か・き・く＝活用語尾）
□38～41	活用の種類	活用のしかたで動詞を分類すると、五段活用など、全部で五種類に分けられる。	例 走らない（a）・走ります（i） 走る（u）……→五段活用
□112・113	敬語	相手や話題の人への敬意を表す言葉。尊敬語・謙譲《けんじょう》語・丁寧語などの種類がある。	例 私が申し上げる。（謙譲語） 例 行きます。（丁寧語）
□114・115	尊敬語	敬語の種類の一つ。動作をする人に対する敬意を表す言い方。	例 先生がおっしゃる。→「先生」に対する尊敬語

□46～49	形容詞	人や物事の性質・状態を表す単語。言い切りの形が「い」で終わる。	例 青い・強い・明るい
□50・51	形容動詞	人や物事の性質・状態を表す単語。言い切りの形が「だ・です」で終わる。	例 静かだ・元気です
□42・43	自動詞	主語自体の動作や作用を表す動詞。「～を」という修飾語を必要としない。	例 生徒が集まる。 →「生徒」自体の動作
□42・43	他動詞	主語以外のものに及《およ》ぼす動作や作用を表す動詞。「～を」という修飾《しゅうしょく》語を必要とする。	例 生徒を集める。 →「生徒」に及ぼす動作
□28	重文	主語・述語の関係が二組以上あり、それらが対等に並ぶ文。	例 梅が咲《さ》き、鳥が鳴く。 （梅が：主―咲き：述、鳥が：主―鳴く：述）
□28	複文	主語・述語の関係が二組以上あり、それらが対等な関係ではない文。	例 それは僕《ぼく》の買った本だ。 （それは：主―本だ：述、（修飾部）僕の：主―買った：述）

□12	接続語	文の成分の一つ。文と文、文節と文節などをつなぎ、前後の関係を示す文節。	例 疲《つか》れたので、早く寝《ね》る。 接続語
□58・59	接続詞	活用しない自立語で、文と文、文節と文節などをつなぎ、前後の関係を示す品詞。	例 疲れた。だから、早く寝る。 接続詞
□10・11	単語	言葉の最も小さい単位。意味のある言葉としては、これ以上分けることのできないもの。	例 明日は、弟の誕生日だ。 単語
□32・33	品詞	単語を文法上の性質や働きの違《ちが》いによって分類したもの。全部で十品詞に分けられる。	例 明日は、弟の誕生日だ。 名詞 助詞 助動詞
□54・55	副詞	活用しない自立語で、主に用言を含《ふく》む文節を修飾《しゅうしょく》する働きの品詞。	例 きっと、晴れるだろう。 修飾している
□72・73	副助詞	活用しない付属語である助詞の一種類。いろいろな語に意味を添《そ》える。	例 彼《かれ》だけ、正解した。 限定の意味を添える。

参照	用語	意味	例
□10・11	文節	文を、意味を壊《こわ》さず、発音上不自然にならないように短く区切ったまとまり。	例 明日は、弟の誕生日だ。（文節）
□26・27	連文節	二つ以上の文節が意味の上で結び付き、一つの文節と同じ働きをするもの。	例 明日は、弟の誕生日だ。（文節／連文節）
□35	連体形	六種類の活用形の一つ。主に体言が後ろに付く活用形。	例 おもしろい話。（形容詞の連体形）
□56・57	連体詞	活用しない自立語で、体言を含む文節を修飾する働きの品詞。	例 おかしな話。（連体詞）
□16・17	連体修飾語	体言を含む文節を詳《くわ》しく説明する修飾語。	例 これが、僕《ぼく》の学校だ。（連体修飾語／体言（名詞）を含む文節）
□16・17	連用修飾語	用言を含む文節を詳しく説明する修飾語。	例 先生は穏《おだ》やかに話す。（連用修飾語／用言（動詞））

古典文学史

代表的な古典文学作品をまとめた表です。特に作品名と作者・編者は覚えておきましょう。

時代	成立年	作品名	作者・編者	特色
奈良時代	712	古事記《こじき》	太安万侶《おおのやすまろ》	・神話・史書。 ・稗田阿礼《ひえだのあれ》が暗誦《あんしょう》した伝説や歌謡《かよう》を、太安万侶《おおのやすまろ》がまとめた、大和朝廷《やまとちょうてい》を中心とした歴史書。
	713	風土記《ふどき》編纂《へんさん》の勅命《ちょくめい》		・日本各地の風土・産物・伝説などを集めた地誌。 ・常陸《ひたち》・播磨《はりま》・出雲《いずも》・豊後《ぶんご》・肥前《ひぜん》のものが現存。
	720	日本書紀《にほんしょき》	舎人《とねり》親王ら	・神話・史書。中国の歴史書にならい、日本の歴史を編集したもの。 ・『古事記』よりも史実の記録に重点を置いている。
	759以降	万葉集《まんようしゅう》	大友家持《おおとものやかもち》ら	・現存する最古の歌集。 ・万葉仮名で記されている。 ・天皇や貴族の詠《よ》んだ歌、防人歌《さきもりうた》、東歌《あずまうた》など庶民《しょみん》の詠んだ歌などを幅広く収める。 ・おおらかで率直《そっちょく》、力強い。五七調が多い。

平安時代			
900頃《ころ》	竹取物語《たけとりものがたり》		・日本最古の物語。 ・作者は不明だが、仮名書きの文章を書ける教養の高い人物が書いたと思われる。 ・竹の中から生まれた「かぐや姫」の話として有名。
905頃	古今和歌集《こきんわかしゅう》	紀貫之《きのつらゆき》ら	・最初の勅撰《ちょくせん》和歌集。 ・紀貫之による序文「仮名序《かなじょ》」。 ・ほとんどが短歌。 ・知的で機知に富む。繊細・優美。七五調が多い。
935頃	土佐日記《とさにっき》	紀貫之《きのつらゆき》	・日記文学の先駆け。 ・男性である作者が、「女性の書いた平仮名の日記」の形で書いている。（冒頭《ぼうとう》「男もすなる日記《にき》といふ《(ウ)》ものを、女もしてみむ《(ン)》とてするなり」）
956頃《ころ》	伊勢《いせ》物語		・和歌を中心とした歌物語。 ・ある「男」（在原業平《ありわらのなりひら》だと思われる）の元服《げんぷく》から死までを描いている。
974頃	蜻蛉《かげろう》日記	藤原道綱母《ふじわらみちつなのはは》	・日記。

時代	成立年	作品名	作者・編者	特色
平安時代	1001頃	枕草子《まくらのそうし》	清少納言《せいしょうなごん》	・随筆。 ・知的で明るい「を《(お)》かしの文学」といわれる。 ・内容…①宮中や貴族の屋敷での見聞。②「ものづくし」（「山は」「海は」「にくきもの」などを並べたもの）。③随想的なもの。
	1008頃	源氏物語《げんじものがたり》	紫式部《むらさきしきぶ》	・平安時代を代表する長編物語。全五十四帖《じょう》。 ・主人公の光源氏《ひかるげんじ》の華《はな》やかな一生が描《えが》かれている。 ・しみじみとした趣《おもむき》の「あは《(わ)》れの文学」といわれる。
	1013頃	和漢朗詠集《わかんろうえいしゅう》	藤原公任《ふじわらのきんとう》	朗詠に適した和歌と漢詩文が収められている。
	1059頃	堤中納言物語《つつみちゅうなごんものがたり》		十編の短編物語から成る。「虫めづる姫君《ひめぎみ》」など。
	1060頃	更級《さらしな》日記	菅原孝標女《すがわらのたかすえのむすめ》	物語に憧れた少女時代から、年老いるまでの作者の約40年間の人生回想記。
	1115頃	大鏡		・歴史物語。 ・藤原道長《ふじわらのみちなが》を頂点とした藤原氏の栄華について、老人と若侍《わかざむらい》の対話形式で語られていく。

時代	年	作品	作者	内容
	1120頃	今昔物語集《こんじゃくものがたりしゅう》		・説話集。 ・インド・中国・日本から集めた全31巻約1000話の説話が収められている。 ・各話は「今は昔」で書き始められている。
	1170頃	今鏡《いまかがみ》		歴史物語。
	1190頃	山家集《さんかしゅう》	西行法師《さいぎょうほうし》	私家集《しか》（個人の和歌集）。
鎌倉・室町時代	1205頃《ころ》	新古今和歌集《しんこきんわかしゅう》	藤原定家《ふじわらのさだいえ》ら	・勅撰《ちょくせん》和歌集。 ・すべて短歌。 ・感覚的で、象徴的な表現を用いる。余情を尊び、幽玄《ゆうげん》の境地を重んじる。七五調が多い。
	1212	方丈記《ほうじょうき》	鴨長明《かものちょうめい》	・随筆《ずいひつ》。　・この世の無常を説く。 ・『枕草子』『徒然草』とともに三大随筆とよばれる。
	1221頃	宇治拾遺物語《うじしゅういものがたり》		説話集。仏教説話が中心。

時代	成立年	作品名	作者・編者	特色
鎌倉・室町時代	1221以前	平家物語《へいけものがたり》		・軍記物語。 ・平家一門の栄華《えいが》と衰退《すいたい》を描《えが》く。 ・文体は、和漢混交文。 ・鎌倉時代前半に、動乱が続き、飢餓《きが》、疫病《えきびょう》の発生する世の中で広まった無常観が、平家一門の姿に重ねられている。
	1235頃	小倉百人一首《おぐらひゃくにんいっしゅ》		・撰者は、藤原定家といわれている。 ・天智天皇《てんじてんのう》から順徳院《じゅんとくいん》までの著名な百人の歌を一人一首ずつ集めている。
	1254	古今著聞集《ここんちょもんじゅう》	橘 成季《たちばなのなりすえ》	説話集。
	1331頃	徒然草《つれづれぐさ》	兼好法師《けんこうほうし》	・随筆。 ・人生論・教訓・処世・批評。自然観照的なもの。 ・無常観…仏教の考え方。この世に確かなものなどなく、人生ははかないものだとする考え。
	1371頃	太平記《たいへいき》		・軍記物語。 ・鎌倉幕府滅亡《めつぼう》～南北朝の対立に至る動乱を描く。

	1400頃	風姿花伝《ふうしかでん》	世阿弥《ぜあみ》	・能楽書《のうがくしょ》。
江戸時代	1688 1692	日本永代蔵《にっぽんえいたいぐら》 世間胸算用《せけんむねざんよう》	井原西鶴《いはらさいかく》	・浮世草子《うきよぞうし》。 井原西鶴…江戸時代の社会を背景に、武士の姿や町人の生活など、人々の悲喜劇を描《えが》いた。
	1694頃	おくのほそ道	松尾芭蕉《まつおばしょう》	・俳諧《はいかい》紀行文。 ・江戸を出発し、奥羽《おうう》・北陸を経て、美濃国大垣《みののくにおおがき》（今の岐阜県大垣市）に至る旅の体験、見聞をつづる。 ・文体は、和漢混交文。
	1776	雨月物語《うげつものがたり》	上田秋成《うえだあきなり》	怪異《かいい》小説。
	1797	新花摘《しんはなつみ》	与謝蕪村《よさぶそん》	俳諧・俳文集。与謝蕪村は、俳人・画家。近代感覚のあふれる句も多い。
	1802	東海道中膝栗毛《とうかいどうちゅうひざくりげ》	十返舎一九《じっぺんしゃいっく》	滑稽本《こっけいぼん》。
	1814	南総里見八犬伝《なんそうさとみはっけんでん》	曲亭馬琴《きょくていばきん》	読本《よみほん》。勧善懲悪《かんぜんちょうあく》をテーマにする。
	1820	おらが春	小林一茶《こばやしいっさ》	俳諧・俳文集。小林一茶は俳人。素朴《そぼく》で飾《かざ》り気のない句が特徴《とくちょう》。

読者アンケートのお願い

本書に関するアンケートにご協力ください。
右のコードか URL からアクセスし、
以下のアンケート番号を入力してご回答ください。
当事業部に届いたものの中から抽選で年間 200 名様に、
「図書カードネットギフト」500 円分をプレゼントいたします。

Webページ https://ieben.gakken.jp/qr/derunavi/

アンケート番号 **305538**

定期テスト 出るナビ　中学国語　改訂版

本文デザイン　シン デザイン
編集協力　有限会社マイプラン
DTP　株式会社 明昌堂　データ管理コード：21-1772-3777（CC21）

この本は下記のように環境に配慮して製作しました。
・製版フィルムを使用しないCTP方式で印刷しました。
・環境に配慮して作られた紙を使用しています。
※赤フィルターの材質は「PET」です。